A book of the knowledge of the fragmentary history to know the United Kingdom more

世界とつながる

イギリス
断片図鑑

歴史は細部に宿る

世界も歴史も、遠大にして無数の知識や出来事、そして人物からなるものです。ゆえに語り尽くしたり知り尽くすことは容易にできません。それでも世界や歴史に、私たちはつながりを求めます。それは小さな何かを学び知ることで、未来に向けた糧となるものを探し欲するからです。書名にある「断片」とは、まさにその糧を、手のひらにのせるきっかけとなるものです。断片という細部から、世界や歴史へとつながるその先を、あらためて、見つけたいのです。本書は、そんな知識と知力のかけらを集める「サブノート」になることを、願っています。

contents

人物 **Historical person**   p.4

No.01 ウィンストン・チャーチル   p.6

No.02 ウィリアム・シェイクスピア   p.8

No.03 チャールズ・ダーウィン   p.10

No.04 ホレーショ・ネルソン   p.12

No.05 ジェームズ・クック   p.14

No.06 アイザック・ニュートン   p.16

No.07 アレクサンダー・フレミング   p.18

No.08 オワイン・グリンドゥール   p.20

No.09 ガイ・フォークス   p.22

No.10 ブーディカ   p.24

No.11 アラン・チューリング   p.26

No.12 チャールズ・ディケンズ   p.28

No.13 トマス・モア   p.30

No.14 ウィリアム・ウォレス   p.32

No.15 ジョン・ハリソン   p.34

No.16 ウィリアム・キャクストン   p.36

No.17 ジェーン・オースティン   p.38

No.18 フランシス・ドレーク   p.40

No.19 ジョージ・スチーブンソン   p.42

No.20 オリバー・クロムウェル   p.44

No.21 フランク・ホイットル   p.46

No.22 ロバート・スコット   p.48

No.23 チャールズ・バベッジ   p.50

No.24 ジェフリー・チョーサー   p.52

No.25 ジョン・ロジー・ベアード   p.54

No.26 ジェームズ・ワット   p.56

出来事 **Historical affair**   p.58

No.27 コティングリー妖精事件   p.60

No.28 火薬陰謀事件   p.62

No.29 コルンバのネッシー目撃   p.64

No.30 ピータールーの虐殺   p.66

No.31 イーストボーンの悲劇   p.68

No.32 グレンコーの虐殺   p.70

No.33 血の日曜日事件   p.72

No.34 ジェンキンスの耳の戦争   p.74

No.35 シェルブールの海戦   p.76

No.36 アーブロース宣言   p.78

No.37 アルマダの海戦   p.80

No.38 ウィリアム3世暗殺未遂事件   p.82

No.39	ソールベイの海戦	p.84
No.40	寝室女官事件	p.86
No.41	カトリック陰謀事件	p.88
No.42	クリーヴランド・ストリート・スキャンダル	p.90
No.43	メドウェイ川襲撃	p.92
No.44	グラウピウス山の戦い	p.94
No.45	切り裂きジャック	p.96
No.46	セント・オールバンズの戦い	p.98
No.47	偽エチオピア皇帝事件	p.100
No.48	エドワード殉教王暗殺	p.102
No.49	第1次バロン戦争	p.104
No.50	ワット・タイラーの乱	p.106
No.51	ローストフトの海戦	p.108

建造物 Historical landmark　p.110

No.52	ロンドン塔	p.112
No.53	アイアンブリッジ	p.114
No.54	ハドリアヌスの長城、アントニヌスの長城	p.116
No.55	戦艦ドレッドノート	p.118
No.56	ストーンヘンジ	p.120

No.57	ウェストミンスター寺院	p.122
No.58	旧グリニッジ天文台	p.124
No.59	ポントカサステ水路橋	p.126
No.60	フォース橋	p.128
No.61	タービニア	p.130
No.62	ハンプトン・コート宮殿	p.132
No.63	タワー・ブリッジ	p.134
No.64	ダンモア・パイナップル	p.136
No.65	バッキンガム宮殿	p.138
No.66	セント・ポール大聖堂	p.140
No.67	ブレナム宮殿	p.142
No.68	バイブリー	p.144
No.69	ビッグ・ベン	p.146
No.70	ホールズ・クロフト	p.148
No.71	聖オーガスティン修道院	p.150
No.72	イクニールド・ウェイ	p.152
No.73	ヒルフィギュア	p.154
No.74	リング・オブ・ブロッガー	p.156

+記事 Addition article

| No.75 | Addition article | ブレグジット | p.158 |

1 人物
Historical person

首相、軍人、詩人、研究者
イギリスの歴史を作った普通の人々

Quiz

Q ノーベル文学賞を受賞したイギリスの首相は？…… p.6

Q シェイクスピアが著した四大悲劇の作品名は？…… p.8

Q 進化論で知られるダーウィンは生物学者とされますが、本人が名乗っていたのは何を研究する学者だったのでしょうか？…… p.10

Q ナポレオン戦争でグレート・ブリテン島侵攻を阻止したイギリスの英雄は？…… p.12

Q ニュージーランド、オーストラリア、アラスカ西端、ハワイ諸島にヨーロッパ人として初めて到達した冒険家は？…… p.14

Q 一般に『プリンキピア』とよばれる本の著者である科学者は？…… p.16

Q 世界初の抗生物質ペニシリンを発見したのは誰？…… p.18

Q シェイクスピアの『ヘンリー4世』の登場人物として知られ、プリンス・オブ・ウェールズを称した最後の北ウェールズの貴族は？…… p.20

Q ハッカー集団アノニマス（2008年）が社会的抗議運動の象徴として使用したことで世界中に知られるマスクのモデルで英語の「男」「奴」「あいつ」の語源にもなった人物は？…… p.22

Q ローマ帝国と戦ったケルトの女王は？…… p.24

Q 第二次世界大戦下、解読不能といわれたドイツの暗号エニグマを解読しながら国家の方針でその名が世界史には出ることのなかった天才数学者は？…… p.26

Q 世界初の推理小説ともいわれる殺人謎解き小説を1841年に著したイギリスの作家は？…… p.28

Q 『ユートピア』を描いたゆえに「法の名のもとに行われたイギリス史上最も暗黒な犯罪」といわれる斬首刑に処されたイギリスの人文学者と言えば？…… p.30

Q スコットランドの自由と正義の英雄と言えば？…… p.32

Q イギリスの大航海時代、安全な長距離航海を飛躍的に発展させた測定方法を生み出すゼンマイ式の時計クロノメーターを発明した時計職人は？…… p.34

Q イングランドにおける活版印刷の始祖は？…… p.36

Q 没後200年の2017年、10ポンド紙幣の肖像画になったイギリスの国民的女流作家は？…… p.38

Q 世界一周を果たした女王公認の大海賊でスペイン人からは「エル・ドラコ」と呼ばれて恐れられていた16世紀英国の国民的英雄は？…… p.40

Q 1825年ロコモーション1号と命名された蒸気機関車を完成させた鉄道の父の名は？…… p.42

Q 17世紀半ば、国王チャールズ1世を追放し、イングランド共和国を成立させた指導者は？…… p.44

Q 20世紀、ターボジェットエンジンを開発した立役者は？…… p.46

Q 人類最初の南極点到達を目指しながら帰路に全滅してしまったイギリス探検隊隊長の名は？…… p.48

Q ディファレンス・エンジン（段差機関）を生み出したコンピューターの父と呼ばれる人物の名は？…… p.50

Q 世俗の言葉を使って『カンタベリー物語』を著したイギリス14世紀の作家は？…… p.52

Q 世界で初めてテレビ放送を実現させた発明家は？…… p.54

Q 産業革命を大きく推し進めた蒸気機関の父とは？…… p.56

No.01　　　　　　　　　　　　　　　Sir Winston Leonard Spencer-Churchill

ウィンストン・チャーチル

イギリス史上最も有名な宰相(さいしょう)

出生：イングランド、ウッドストックのブレナム宮殿
父親：ランドルフ・チャーチル／母親：ジャネット・ジェローム
生没：1874年11月30日〜1965年1月24日
職業：政治家、軍人、文筆家
業績：第一次世界大戦と第二次世界大戦の戦争指導

▲スターリン（左）、ルーズベルト（中央）と共にテヘラン会談に出席したチャーチル（右）。

　ウィンストン・チャーチルは、イングランド貴族である第7代マールバラ公爵の三男として1874年に生まれる。政治家の家系に生まれたこともあり、幼い頃から高度な教育を受けていたが、成績は悪く、体力もなく、いわゆる「落ちこぼれ」であったという。3度の挑戦を経て陸軍士官学校に入学した後、1895年に騎兵連隊に入隊している。

＊ガリポリの戦い＝第一次世界大戦中、連合軍が同盟国側であったオスマン帝国の首都イスタンブールを占領するべく行った、ダーダネルス海峡西側のガリポリ半島（現在のトルコ領ゲリボル半島）に対して行った上陸作戦。

▲ロンドンのパーラメント・スクエアに建つチャーチル像。

▲勝利（Victory）のVサインをするチャーチル。

　父親の死後、25歳で政治の世界へと入っていった。1908年、33歳の若さで通商大臣に就任。1911年、海軍大臣に任命されるが、ガリポリの戦いにおいて多大な犠牲を出して敗退したため、責任を取り辞職している。

　1917年、ロイド・ジョージ内閣に迎えられて政界へと復帰。ファシズムが台頭する1930年代になると、ヒトラーの脅威にいち早く気付いて政府に警告する。しかし、政府は彼を無視し、好戦的な戦争挑発者と見なした。

　1939年、第二次世界大戦が勃発。当時の首相ネビル・チェンバレンは辞任し、代わってチャーチルが首相に就任。オランダ、ベルギー、フランスがドイツに降伏していく不利な戦況の中で、ドイツのグレートブリテン島上陸阻止に成功する。1945年5月5日、ドイツは連合軍に無条件降伏し、ヨーロッパの戦いが終わった。

　戦後、チャーチルは一度政権を失うが、1951年、再び首相となり、冷戦下でのイギリスを指揮する。1955年に退任してからも国民の人気は健在だったが、1965年に90歳でその生涯を終えた。約50年に渡って政治に携わり、ノーベル文学賞を受賞するほどの優れた文筆家でもあったチャーチルは、イギリスで最も有名な首相（宰相）として知られている。

＊ノーベル文学賞を受賞＝首相在任中の1953年にノーベル文学賞を受賞している。チャーチルは1945年7月の庶民院選挙に破れ、下野しているが、この野党党首の時期に『第二次世界大戦』全6巻を著し、同書はベストセラーとなっている。

No.02　　　　　　　　　　　　　　　　　　　　William Shakespeare

ウィリアム・シェイクスピア

四大悲劇を生み出した劇作家

出生：イングランド、ストラトフォード・アポン・エイヴォン
父親：ジョン・シェイクスピア／母親：メアリー・アーデン
生没：1564年4月26日〜1616年4月23日
職業：劇作家、詩人
業績：四大悲劇の他、『ロミオとジュリエット』『ヴェニスの商人』など

マクベス
1606年頃に書かれた戯曲。
将軍マクベスは妻と共謀し王を暗殺して王位に就くが、人間不信に陥り周りの人間に対して次々と粛清を行う。彼に近親者を殺された貴族や王子によってマクベスは倒される。

リア王
1604〜1606年頃に書かれた戯曲。
リア王は長女と次女に国を譲った後、2人に裏切られ荒野をさまよい狂気に取りつかれていく。自身が勘当した末娘の協力を得て2人と戦うものの敗れ、末娘を失い自らも絶命する。

ハムレット
1600〜1602年頃に書かれた戯曲。
正式題名は『デンマークの王子ハムレットの悲劇』。王である父を殺し母を奪った叔父に復讐を誓う王子ハムレットと、彼の復讐に巻き込まれる恋人やその家族の悲劇。

オセロ
1602年に書かれた戯曲。
ヴェニスの軍人オセロが旗手イアーゴーの嘘を信じて妻デスデモーナの貞操を疑い殺してしまう。後に真実を知り後悔して命を絶つ。ボードゲームのオセロの名の由来でもある。

▲四大悲劇。

　古代ギリシャに発し、ルネサンス以降のヨーロッパにおいて発展した演劇形式である悲劇。その中でも四大悲劇として名高い、『ハムレット』『マクベス』『リア王』『オセロ』を著したのがイギリス・ルネサンス演劇の代表的人物であり、世界で最も偉大な劇作家であるウィリアム・シェイクスピアだ。
　シェイクスピアは、市会議員の父とジェントルマンの娘である母を持ち、

＊ジェントルマン＝16〜20世紀初頭にかけてイギリスの実質的支配階級であった、地主貴族を中心とする経済・文化・政治の中核を担った階級。

▲シェイクスピアが幼少期を過ごしたといわれるストラトフォード・アポン・エイヴォンの生家。

　裕福な家庭で育った。18歳で結婚した後にロンドンに移り住む。以後、7年間、彼の記録はほとんどない。

　1592年頃、ロンドンで演劇の世界に身を置いていたシェイクスピアは、俳優として活躍するかたわら、詩や戯曲を書いていた。『ヘンリー6世』三部作から始まった劇作家としての道は、『ロミオとジュリエット』『夏の夜の夢』『ヴェニスの商人』といった喜劇を経て、四大悲劇を発表することになる。戯曲を執筆しながら俳優も続けていたため、大きな経済的成功を収める。

　1613年に引退してストラトフォードに戻るが、3年後、52歳で生涯を閉じた。死去から7年後の1623年、最初の作品集である『ファースト・フォリオ』が出版された。彼の作品は、初期近代英語の貴重な資料でもある。

　後世に残る優れた作品を多く生み出したシェイクスピアだが、彼自身に関する資料はほとんど残されていない。出生記録、直筆原稿、日記などもないため、「シェイクスピア」という名は複数の匿名作家が使用していた執筆名なのではないか、とも。この「シェイクスピア別人説」は18世紀から続けられている議論だが、これほど注目されるのもシェイクスピアが偉大な劇作家である証拠と言える。

＊初期近代英語＝1450～1650年に使用されていた英語。ジェームズ王欽定訳聖書およびウィリアム・シェイクスピアの著作が代表で、現代の英語しかわからなくてもおおよそ理解できるとされる。

No.03

Charles Robert Darwin

チャールズ・ダーウィン
生物の進化を唱えた生物学者

出生：イングランド、シュロップシャー、シュルーズベリー
父親：ロバート・ダーウィン／母親：スザンナ・ダーウィン
生没：1809年2月12日〜1882年4月19日
職業：地質学者、生物学者
業績：進化論（自然選択説）の提唱

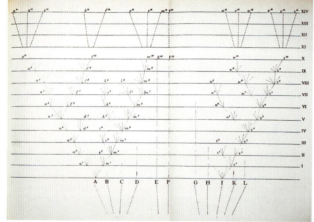

【左】『種の起源』に掲載されている系統図。【右】『種の起源』初版表紙。

　チャールズ・ダーウィンは、生物は自然によって選択されて進化すること（自然選択説）をアルフレッド・ウォレスと共に提唱した人物。

　その功績から生物学者とされるが、自身は地質学者を名乗っていた。1859年に有名な『種の起源』を刊行している。なお、進化の概念を最初に生物学に取り入れたのは、祖父のエラズマス・ダーウィンだった。

　1809年にイングランド西部のシュルーズベリーで生まれたダーウィンは幼少の頃から自然に親しみ、植物や貝殻、鉱物の採集を行っていた。1825年に家業の医師になるべくエディンバラ大学に進学するが、流血を伴う実習に馴染むことができず、興味は博物学へと移っていく。エディンバラ大学中

＊アルフレッド・ウォレス＝イギリスの博物学者、生物学者、探検家、人類学者、地理学者。アマゾン川とマレー諸島を実地調査している。インドネシアの動物の分布を二分する「ウォレス線」で有名。

▲測量船ビーグル号の航海ルート。

退後はケンブリッジ大学に入学したが、ここで牧師であり植物学者のジョン・スティーブンス・ヘンズローと出会い、ダーウィンの人生は大きく変わっていく。

　卒業後、ヘンズローからの紹介で、イギリス海軍の測量船ビーグル号に乗船する。1831年から5年間の航海ではヨーロッパから南米、ガラパゴス諸島、オーストラリアと世界を巡り、様々な土地の動植物や地層を観察、研究する。この航海において、自然選択による生存競争を経て、生物は進化するのではないか、という考えを固める。

　当時はキリスト教の教義が絶対視されていたが、1858年にロンドン・リンネ学会で自然選択説が代読により発表される。

　当初は批判が多く、宗教的、哲学的論争を巻き起こしたが、すでに進化論に関する論文が複数発表されており、ダーウィンの理論をより実証する研究者が現れたり、新説学問としての素地は整っていった。そして1870年代になると、科学者だけでなくイギリスの大衆にも広く進化論が受け入れられ、生物進化の研究は急速に発展する。1882年に自宅で死去するとその功績が称えられ、国葬が執り行われ、ウェストミンスター寺院に埋葬された。

＊代読＝自然選択説の発表時、ダーウィンの家族は感染症に罹患していた。このため、学説発表の余裕がなく、ジョセフ・フッカーとチャールズ・ライエルが代読した。感染症により、ダーウィンは子供を亡くしている。

No.04　　　　　　　　　Horatio Nelson, 1st Viscount Nelson KB

ホレーショ・ネルソン

ナポレオンからイギリスを守った英雄

出生：イングランド、ノーフォーク
生没：1758年9月29日～1805年10月21日
職業：軍人（初代ネルソン子爵）
業績：フランス・スペイン連合艦隊を撃破
最終階級：白色艦隊中将

▲最古の現役軍艦として保存されている戦列艦ヴィクトリー。　　Paul J Martin / Shutterstock.com

　ナポレオン戦争の際、イギリスのグレート・ブリテン島侵攻を阻止した18世紀後期から19世紀初めのイギリスにおける最も偉大な英雄。

　イングランド東部、ノーフォーク州のバーナム・ソープ村に生まれ、1770年に12歳で海軍に入隊した。二等水兵として三等艦に乗り込むが、ほどなくして士官候補生となり、18歳で海尉となる。20歳で海尉艦長に昇進すると初めての指揮艦を得て、翌年には勅任艦長に昇進する。

　1792年にフランス革命戦争が勃発すると、戦列艦アガメムノンの艦長となり、1793年10月にフランス艦との初めての戦闘を経験する。1794年に

＊サン・ビセンテ岬＝ポルトガルの南西端にある大西洋に突き出た岬。

▲トラファルガーの海戦で重傷を負い戦死するネルソン（中央）。

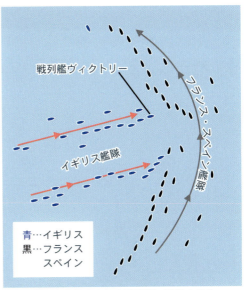
▲敵の隊列を分断するため2列縦陣で突入するネルソン・タッチ戦法（図には戦闘艦以外を含む）。

起きた地中海のコルシカ島における戦闘では、右目を失明する。

　1797年、*サン・ビセンテ岬の海戦では、逃走するスペイン艦隊に対して提督の命令を無視して突撃し、結果として海戦の勝利と敵艦の拿捕に成功する。この功績によって命令無視は不問になり、騎士に叙勲され*青色艦隊少将に昇進する。*テネリフェ島の攻略では、作戦に失敗し右手を負傷して切断。

　1805年、ナポレオン戦争における最大の海戦であるトラファルガー海戦を迎える。ナポレオンはグレート・ブリテン島侵攻へと動き出し、スペイン海軍と連合して大艦隊を編成。これを迎え撃ったのが、ネルソン率いる戦列艦ヴィクトリーを含む27隻のイギリス地中海艦隊であった。「英国は各員がその義務を尽くすことを期待する」というネルソンの信号旗掲揚から始まった海戦は、フランス・スペイン連合艦隊を分断させる「ネルソン・タッチ」戦法によって接近戦に持ち込み、連合艦隊の半分以上を撃沈・拿捕。イギリス艦隊は喪失艦なしという見事な勝利を得た。だが、ネルソンは戦闘の際に被弾し、イギリスの勝利を見届けて息を引き取った。最後の言葉は、「神に感謝する。わたしは義務を果たした」だったと伝えられている。

＊青色艦隊＝イギリス海軍の色別戦隊のうちの1つ。1625～1864年の間に行われていたイギリス海軍艦隊の区分方法で、将官旗が赤、青、白に色分けされていた。　＊テネリフェ島＝大西洋にあるスペイン領カナリア諸島の島。

No.05 James Cook

ジェームズ・クック

大航海時代以後の偉大な海洋探検家

別名：キャプテン・クック
出身：イングランド、ノースヨークシャー、マートン
生没：1728年10月27日〜1779年2月14日
職業：海軍軍人

第1回航海
第3回航海

　イギリス海軍軍人で、大航海時代以後の海洋探検家。ニュージーランド、オーストラリア、アラスカ西端、ハワイ諸島にヨーロッパ人として初めて到達したことで知られる。卓越した測量技術を評価され、イギリス海軍とイギリス王立協会によって、3回もの世界的な学術的調査航海を行う。

　クックは、庶民の生まれで、裕福な幼少期を過ごしたわけではなかった。1746年、イギリス沿岸を航行する石炭運搬船団の見習い船員になり、1755年には航海士となる。だが、航海士の職を捨てイギリス海軍に水兵として入隊する。すぐに准士官たる航海士になり、1757年には士官待遇の航海長になる。

　クックには「これまでの誰よりも遠くへ、それどころか、人間が行ける果てまで私は行きたい」という願望があった。見事それを実現したが、3回目の航海で、ハワイ諸島に到達した際、地元の人々とのいさかいの中で殉職する。

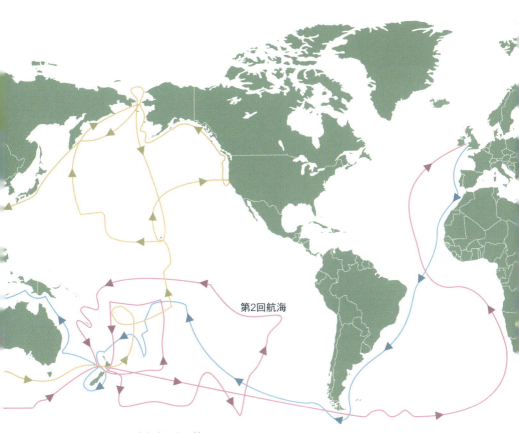

第2回航海

第1回航海（1768〜1771年）地図上の線 ━━━
階級：海尉／目的：王立協会による金星の日面通過の観測および南太平洋に存在するとされる大陸の発見／航海：1768年8月25日にイギリス南部プリマスを出航し、1769年4月13日に南太平洋のタヒチに到着／成果：ニュージーランド、オーストラリア到達など。

第2回航海（1772〜1775年）地図上の線 ━━━
階級：海尉艦長／目的：南太平洋における未発見大陸の確認／航海：喜望峰沖を通過し、高緯度帯に侵入／成果：南極圏到達など。南極大陸は発見できず。

第3回航海（1776〜1780年）地図上の線 ━━━
階級：勅任艦長／目的：北極海を抜け、大西洋と太平洋をつなぐ北西航路開拓／航海：喜望峰沖を通過し、高緯度帯に侵入／成果：ハワイ諸島到達（1778年）。カリフォルニアからベーリング海峡までを探検。アラスカの西端を発見。1779年2月14日、ハワイ島において地元民といさかいがあり、その渦中で死亡。

Boris15 / Shutterstock.com

◀ クックが使用したイギリス海軍軍艦エンデバー号。
トン数：368t／長さ：32m／幅：8.9m
推進：帆走（フル・リグド・シップ）
総帆面積：897㎡／速力：最大7〜8ノット（13〜15km/h）
乗員：総員94人（乗員85人、海兵隊12人）
兵装：4ポンド砲10基、旋回砲12基
搭載艇：ヨット型の帆走艇、ボート

No.06　　　　　　　　　　　　　　　　　　　　　　Sir Isaac Newton

アイザック・ニュートン

万有引力を発見した17世紀の科学者

出生：イングランド、リンカンシャー、ウールズソープ＝バイ＝
　　　コルスターワース
父親：アイザック・ニュートン／母親：ハナ・アスキュー
生没：1643年1月4日～1727年3月31日
職業：自然哲学者、数学者、物理学者、天文学者
業績：ニュートン力学の確立、微積分法の発見

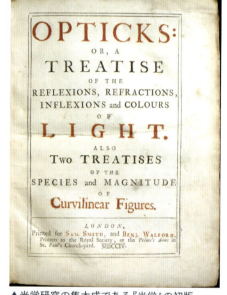

▲ニュートンの力学体系を解説した『自然哲学の数学的諸原理』（プリンキピア）の初版。

▲光学研究の集大成である『光学』の初版。

　アイザック・ニュートンは、木から落ちるリンゴを見て万有引力を発見したという逸話が残る人物。物理学、数学、科学、光学、天文学など多岐に渡る分野において多くの業績*を残している。

　1643年のクリスマスにイングランド王国・リンカンシャー州の村で、未熟児として生まれた。誕生時には同名の父アイザック・ニュートンは死去しており、母親はニュートンが3歳の時に再婚したため、祖母の元で育てられ

＊多くの業績＝万有引力の法則、一般二項定理、微分積分法、色収差の原因の発見、慣性の法則、加速度の法則、作用・反作用の法則など。

▲ニュートンが万有引力の法則を見つけたといわれる生家。

た。グラマースクールに通い出してからは下宿先の薬剤師の家で薬学関係の本を読むようになり、科学に興味を持ち始めた。

　1661年にケンブリッジ大学のトリニティ・カレッジに入学するが、講師の雑用や手伝いをする代わりに授業料を免除されるサウザーという身分であった。数学者のアイザック・バロー*と出会うとニュートンの才能は開花する。1664年には奨学金が給付されるスカラー(特待生)となり、翌年には学位を得た。

　この時代のロンドンでは、ペストが大流行していた。この影響で大学は一時閉鎖となり、ニュートンは故郷へと戻ることになる。

　実家に帰り、大学での研究について思索を巡らせる十分な時間を得るが、わずか1年半の休暇の間に、万有引力の法則や一般二項定理を発見、さらに微分積分法の発見へとつながる考えに至った。この時期のことをニュートンは「創造的休暇」と呼んでいたという。

　ペストが収まった1667年にケンブリッジ大学へと戻ってからは教授職に就き、研究を重ねている。

　1687年に自身の研究成果を『自然哲学の数学的諸原理』という本にまとめた。この本は一般に『プリンキピア』と呼ばれている。

*アイザック・バロー＝イギリスの数学者、聖職者。生没1630年10月～1677年5月。微分積分学の基本定理を幾何学的な方法で証明したことで知られる。

アレクサンダー・フレミング
世界初の抗生物質ペニシリンを発見

出生：スコットランド、イースト・エアシャー
生没：1881年8月6日～1955年3月11日
職業：細胞学者
業績：抗菌物質リゾチームとアオカビからペニシリンを発見

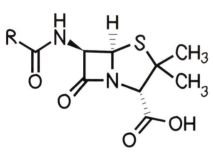

▲ペニシリンの化学記号。　　▲フローリー（左）とチェーン（右）。

　アレクサンダー・フレミングは、スコットランドのエアシャー、ロッホフィールドの農場で生まれた。ロンドンに出てからはポリテクニックで学んでいたが、金銭的余裕がなくなり16歳で船舶会社に就職。4年勤めた後、22歳でロンドン大学セント・メアリーズ病院医学校に入学し、1906年に卒業。卒業後は微生物学の教授であったアルムロース・ライトの助手として、同病院に就職した。1914年に第一次世界大戦が始まると医師として召集され、戦地のフランスで負傷した兵士の治療にあたった。

　戦場で多くの兵士が感染症で命を落とすのを目の当たりにしたことから、感染症治療の必要性を強く感じ薬剤の研究に情熱を傾けることになる。

　1921年に抗菌物質であるリゾチームを発見するが、感染症を治癒する力はなかった。1928年、研究室で黄色ブドウ球菌の研究をしていたフレミングは、培養皿の1つにアオカビのコロニーがあることに気付く。繁殖したア

＊ポリテクニック＝高等教育機関の一種で、職業教育を中心に教育課程が編成されている。
＊リゾチーム＝人ならば涙、鼻汁、母乳などに含まれている酵素で、真正細菌の細胞壁を構成している多糖類を加水分解する。

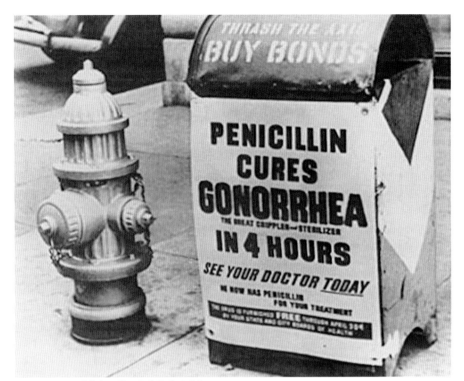

▲ペニシリンが淋病に効くと宣伝する広告。

オカビの周囲だけが透明になっており、これは黄色ブドウ球菌の生育が阻止されていることを示していた。アオカビが分泌する物質が感染症治療に役立つと感じたフレミングは、アオカビのみを培養して抗菌物質を発見する。アオカビの学名（Penicillium notatum）にちなんでペニシリンと命名し、1929年に論文を発表するが、当時の学会ではこの論文は受け入れられず、フレミング自身もペニシリンの精製はできなかった。

　1940年、オックスフォード大学のチェーンとフローリーがペニシリンの精製に成功。第二次世界大戦では戦場で使用され、多くの兵士の命を救った。

　このペニシリンの再発見によりフレミングは騎士(ナイト)の称号を授与され、1945年にはフレミング、チェーン、フローリーの3名がノーベル医学生理学賞を共同受賞する。その後、フレミングはエディンバラ大学の学長を務めた後、1955年にロンドンの自宅で亡くなった。

＊自宅で亡くなった＝近代医学に変革をもたらしたとして、ロンドンのセント・ポール大聖堂に埋葬されている。

No.08　　　　　　　　　　　　　　　　　　　　　Owain Glyndŵr

オワイン・グリンドゥール
イングランド王からの独立を宣言

出生：ウェールズ
父親：グリフィズ・フィハン2世／母親：エレン・ファーハ・トマス・アプ・リウェリン
生没：1349年ないし1359年～1415年頃
職業：ポーイス・ファドッグの領主、プリンス・オブ・ウェールズ
業績：イングランド王にウェールズの独立を宣言

▲グリンドゥールが最後のウェールズ人として議会を開いた建物。　　Wozzie / Shutterstock.com

　グリンドゥールは、*プリンス・オブ・ウェールズを称した最後の北ウェールズの貴族。父は*ポウィス王国の王族に連なり、シェイクスピアの『ヘンリー4世』の登場人物としても知られる。1350年頃に生まれ、ロンドンの法学院で学んだ後、イングランド王リチャード2世から騎士に叙され側近となる。
　1399年、リチャード2世のアイルランド遠征に従軍した際、王の留守中にランカスター伯の相続人でリチャード2世により排除されていたヘンリーが反リチャード派の貴族を集めて反乱を起こした。リチャードは遠征から慌

＊プリンス・オブ・ウェールズ＝全ウェールズの君主の意。現在はイギリスの王子に与えられる称号。
＊ポウィス王国＝中世のケルト系小部族国家の1つ。

▲議事堂の壁に掲げられたプレート。　　　　　　Wozzie / Shutterstock.com

　てて戻るが、10万余の大軍に敵わず、グリンドゥールと共に捕らえられた。
　ヘンリーはヘンリー4世として即位し、グリンドゥールは故郷ウェールズへと帰郷させられる。しかし、領地の一部が隣地のヘンリー4世側貴族によって不当に強奪されていた。さらに拘束されていたリチャードの死の報を受ける。
　1400年、リチャードを支持していたウェールズ人リーダーとして、グリンドゥールはプリンス・オブ・ウェールズへの即位とイングランド王からの独立を宣言。支持者と共にヘンリー4世側貴族の城を攻め、いくつかの町を攻略。ヘンリー4世は反乱鎮圧のための軍を複数回派遣するが、撃破され続けた。
　1403年、ウェールズのほぼすべてを治めていたグリンドゥールは、翌年にウェールズ中西部のマハアンスレスで正式な即位式を行い、スコットランド、フランス、スペインなどから承認を得て、フランス王シャルル6世と同盟を結ぶ。
　しかし、イングランド軍が巻き返しを図ると勢いは減じ、フランス軍はグリンドゥールを見限った。1409年に最後の拠点を落とされ、1412年の戦いで敗れるとグリンドゥールは忽然と姿を消した。
　1415年にかつての部下による死亡の記録があるが、判然とはしない。現在でも、グリンドゥールはウェールズを守り民衆を解放した英雄とされている。

No.09　　　　　　　　　　　　　　　　　　　　　　Guy Fawkes

ガイ・フォークス

出生：イングランド、ヨーク
生没：1570年4月13日〜1606年1月31日
職業：兵士
罪名：大逆罪
刑罰：首吊り・内臓抉り・四つ裂きの刑

火薬陰謀事件の主犯格の1人

▲議事堂の地下室で捕らえられるフォークス。爆破に使う火薬は薪と石炭で隠してあった。

　イングランドにおける宗教改革のきっかけとなったヘンリー8世の離婚問題は、ローマ・カトリック教会からのイングランド国教会の分離を招いた。ヘンリー8世の娘であるメアリー1世は、プロテスタントの弾圧を行うが、続くエリザベス1世は中道政策を取るなど、16世紀のイングランドは深刻な宗教対立問題を抱えていた。1603年に即位したジェームズ1世はカトリック信者だったためカトリック教徒にとっての光となると考えられていたが、国教会を優遇する宣言を行い過激派の異教徒を排除する方針を打ち出した。

　敬虔なカトリック教徒だったガイ・フォークスは21歳でイングランドを離れ、フランスやスペインでの戦争にカトリック側で参戦し、プロテスタント側と戦う。そんな折、イングランド国教会優遇政策の中で弾圧されている

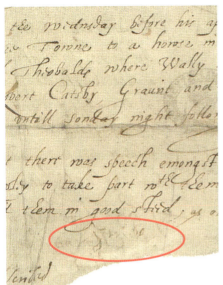
▲拷問直後に書いた署名。ほとんど字の体をなしておらず、拷問の激しさが伺える。

▲ガイ・フォークスの顔を模したガイ・フォークス・マスクはガイ・フォークス・ナイトで使用されている。2008年にハッカー集団アノニマスが使用するようになると社会的な抗議運動の象徴として世界中で使われるようになった。

＊ロバート・ケイツビー率いるカトリックのグループに参加する。ケイツビーはウェストミンスター宮殿にある議事堂を爆破して、国王を殺害し、イングランドのカトリックへの回帰を企てた。フォークスもこの計画に賛同した。

　ジョン・ジョンソンという偽名で活動を始めたフォークスは、火薬の知識を持っていたことから議事堂に火薬を仕掛け、点火する役割を担っていた。国会開会の初日に国王が出席する機会を狙って、1605年11月5日が計画実行日に設定された。計画は綿密に進められ宮殿の地下貯蔵庫には大量の火薬が隠されていたが、決行直前に議会に参加する第4代モンティーグル男爵の元に警告する書簡が届いた。密告されたことに気付いた実行メンバーだったが、計画を中止する事はなかった。実行日の未明、貯蔵庫で点火の瞬間を待っていたフォークスは逮捕される。偽名を名乗り証言を拒んだフォークスだったが、ロンドン塔での拷問の末に計画の全容と仲間の名前を白状し、裁判で絞首刑を言い渡された。この火薬陰謀事件は、計画が未遂に終わり国王の命が助かったことからこれを祝う日となり、後にガイ・フォークス・ナイトとして花火を打ち上げたり、かがり火をたく祝日として今も続いている。

＊ロバート・ケイツビー＝1573〜1605年11月18日。火薬陰謀事件の首謀者で、イングランドの貴族。事件3日後に、居所を襲撃され死亡している。

No.10　　　　　　　　　　　　　　　　　　　　　Boudica

ブーディカ

ローマ帝国と戦ったケルトの女王

出生：イングランド（東ブリタンニア）、ノーフォーク
生没：生年不詳〜60/61年頃
業績：ローマ帝国への反乱

▲イングランドのロンドンにあるブーディカの銅像。　Philip Bird LRPS CPAGB / Shutterstock.com

　紀元前1世紀頃、ローマ帝国は現在のイギリスへ勢力を伸ばしていた。当時、東ブリタンニアを支配していたのはケルト人部族（Pケルト言語圏域*）のイケニ族で、1世紀頃までにかけて、王プラスタグスはローマ帝国と同盟関係を結んでいた。しかし、プラスタグスが死ぬと王位と財産はローマ皇帝の所有となり、イケニの領土は没収され、事実上ローマ帝国の支配下に組み込まれた。2人の娘と共にローマ兵によって陵辱を受けたプラスタグスの妻ブーディカは、イケニ族の女王としてイケニ族や近隣のトリノヴァンテス族らを率いて蜂起し、ローマ帝国に抵抗する。
　トリノヴァンテス族の故郷でローマの植民地となっていたカムロドゥヌム*

＊Pケルト言語圏域＝現代ケルト語2派のうちの1つ。ウェールズ語、ブルターニュ語（ブルトン語）、コーンウォール語が含まれる。

▲ブーディカ軍とローマ軍の進路。

▲ブリタンニア人に対して演説するブーディカ。

を奪還すると、その後もローマ植民地となっていた町を次々と攻略していった。当時の中核都市となっていたロンディニウム、ウェルラミウムを攻撃する。破壊と殺戮を行い、町は廃墟と化し犠牲者は7〜8万人に達したという。

一方、ローマ軍総督のガイウス・スエトニウス・パウリヌスは反撃に出る。可能な限りの兵力を集め戦力の増強を図り、20万人以上に膨らんだブーディカの反乱軍と、スエトニウス軍はワトリング街道で相対することになる。

圧倒的な数を誇ったブーディカ軍だったが、装備の貧弱さとスエトニウス軍の兵の練度の高さと先進的な武器には敵わず、数の優位を生かすことができないまま破れた。

この敗戦の後、ブーディカは毒を飲んで死んだとも、病死したともいわれている。その後、ローマのブリタンニア支配は410年まで続いた。

ブーディカは、財産を奪われた貴族として戦ったのではなく、奪われた自由と理不尽に鞭で打たれた体、そして陵辱された娘のためにローマへの復讐を誓った、誇り高きケルトの女王として今もその名を歴史に刻んでいる。

＊カムロドゥヌム＝現在のコルチェスター。　＊ロンディニウム＝現在のロンドン。　＊ウェルラミウム＝現在のセント・オールバンズ。

No.11

アラン・チューリング

ドイツの暗号を解読した天才数学者

Alan Mathieson Turing

出生：イングランド、ロンドン、メイダヴェール
父親：ジュリアス・チューリング／母親：エセル・チューリング
生没：1912年6月23日～1954年6月7日
職業：数学者、理論学者、暗号解読者、コンピューター科学者
研究分野：数学、暗号解読、計算機科学

neftali / Shutterstock.com
▲エニグマの暗号を破るために開発された解読機ボンベ。

Willy Barton / Shutterstock.com
▲暗号機エニグマ。

　アラン・チューリングは、現在のコンピューターの基本的なアーキテクチャーを確定する理論となった、チューリング・マシンを考案したことで知られる。しかし1940年代の第二次世界大戦中そして戦後30年のあいだ、この天才数学者の存在は歴史の表舞台に立つことはなかった。

　幼い頃から数学や科学の才能を発揮していたアランは、16歳でアインシュタインが書いた論文を読み解いていたという。その後、ケンブリッジ大学に進学。数学で優秀な成績を修めると、卒業後の1935年にフェロー*に選ばれた。1936年に『計算可能数とその決定問題への応用』という論文を発表し、計算機を数学的に議論するための単純化、理想化された仮想機械であるチューリング・マシンという計算モデルを定義した。

＊メイダヴェール＝ロンドンにある住宅街。
＊フェロー＝大学職員や研究職に従事する者で、その分野に著しい貢献をした場合に与えられる称号。特別研究員。

▲サックビル公園に建てられたチューリングの像。　　　amirraizat / Shutterstock.com

　第二次世界大戦が始まると、アランはブレッチリー・パークでドイツの暗号「エニグマ」を解読するチームの一員として働くことになる。1918年にドイツで発明されたエニグマは解読不可能といわれていたが、1941年にアランが暗号解読装置を完成させたことで解読可能となる。

　戦争終結までに200台以上の解読装置が作られ、ノルマンディー上陸作戦の成功にも一役買ったとされる。イギリス政府は戦後もエニグマの暗号解読に関して極秘扱いとしたため、アランや彼の同僚の活躍は歴史の表舞台からはなかったことにされたのである。このため、1974年に一般公開されるまで、アランの偉業はイギリス国民に知られることはなかった。

　戦後はチューリング・テストの研究に専念していたものの、1952年に同性愛の罪で逮捕される。有罪となったアランは矯正のために女性ホルモン注射の投与を受け入れたが、2年後に自宅で死亡しているのを発見された。死因は青酸化合物による自殺とされている。2013年、エリザベス女王によって正式な恩赦が与えられ、死後60年経ってから名誉が回復された。

　なお、王室属領を含むイギリス全土で同性愛が合法となったのは、1992年のことである。

＊ブレッチリー・パーク＝バッキンガムシャー・ミルトン・キーンズ・ブレッチリーの邸宅。現在は第二次世界大戦の暗号解読をテーマとした博物館になっている。　　＊チューリング・テスト＝コンピューターが人工知能を持つか否かを判定するテスト。

No.12

Charles John Huffam Dickens

チャールズ・ディケンズ

『クリスマス・キャロル』の作者

出生：イングランド、ハンプシャー、ランドポート
父親：ジョン・ディケンズ／母親：エリザベス・ディケンズ
生没：1812年2月7日〜1870年6月9日
職業：小説家
作品：『オリバー・ツイスト』『二都物語』『大いなる遺産』など

▲ディケンズは自身の体験やジャーナリストとしての経験を生かして、ヒューマニズムに溢れる作品を書き続けた。

　チャールズ・ディケンズは幼少期、ロンドンやケントで過ごし初等教育を受けていた。12歳の時に一家が破産するとその後の教育を諦め、靴墨工場に働きに出ている。15歳になると法律事務所の事務員として務めながら速記術の習得をし、翌年裁判所の速記者となる。20歳頃に新聞に投稿した記事が評価されて新聞記者になった。記者をしながら小説を執筆し、書きため

*ディケンズ作、殺人の謎解きの『バーナビー・ラッジ』（Barnaby Rudge、1841年）は、世界初の推理小説とも言われる。

▲ランドポートにあるディケンズの生家。現在は博物館として公開されている。

た短編やエッセイをまとめた初期作品集『ボズのスケッチ帳』を1936年に発表すると評判を呼び、作家としての人生をスタートすることになる。

続いて発表した長編小説『ピックウィック・ペーパーズ』がユーモアさから人気を得ると、小説家として名が広まる。自身の幼少からの経験や、ジャーナリストとして知った社会の実情を題材に、ストーリーの中に社会の現実や人間へのユーモアを交えながら批判を含めていた。代表作の1つ『クリスマス・キャロル』は、その後数年に渡って出版された『クリスマス・ブックス』の第1作にあたり、ディケンズの社会観や人間観がよく表れている。

『荒涼館』ではヴィクトリア朝の社会への不満を、『リトル・ドリット』では社会制度批判をテーマに描いた。『二都物語』ではロンドンとパリを舞台にフランス革命下の2人の青年と無罪の虜囚の娘ルーシーとの悲劇的な恋を、『大いなる遺産』では失意の人々を描いた。

作家として成功を収めた後、雑誌の編集や慈善活動を積極的に行っていた。後期の作品は自伝的要素が強くなり、無力感や挫折感が漂い社会を糾弾する傾向の作品が増えていくが、『エドウィン・ドルードの謎』を未完のまま1870年に自宅で死去した。産業革命に沸くイギリスにおいて貧富の格差が広がっていく中、主に下層階級の人々に光を当てたディケンズの作品は当時のイギリスで非常に高い人気を集め、国民的作家として愛されていた。

No.13　　　　　　　　　　　　　　　　　　　Thomas More

トマス・モア

『ユートピア』を描いた人文主義者

出生：イングランド、ロンドン
生没：1478年2月7日〜1535年7月6日
職業：人文主義者、法律家、思想家
作品：『ピコ伝』『ユートピア』など
罪名：反逆罪
刑罰：斬首刑

▲死刑の宣告を受けたモア（左）と娘（中央）。

　1478年にロンドンの裕福な法律家の家に生まれたモアは、聖アントニー校で学んだ後、オックスフォード大学でギリシャ語やラテン語に触れて人文主義を知る。次いで法律学校で法律を修めると法律家となり、1504年には下院議員に当選し政治の世界で活躍するようになった。

　敬虔なカトリック信徒であったモアは、キリストの教えについて学び、その信仰に従っていた。また、人文主義に関心を寄せてからはルネサンス最大の人文主義者といわれたネーデルラントのエラスムスと親交を深め、生涯に渡って交流を続けた。エラスムスの『痴愚神礼讃』に触発され、1516年に当

＊エラスムス＝デジデリウス・エラスムス（1466年10月27日〜1536年7月12日）。ネーデルラント（オランダ、ベルギー、ルクセンブルク）のルネサンス人文主義者、カトリック司祭、神学者、哲学者。

▲理想社会を書くことで現実社会を批判した『ユートピア』初版の挿絵。

▲チェルシーオールド教会に建つモアの像。

時の国際共通語であったラテン語で発表された『ユートピア』はモアの代表作となる。ユートピアとは理想郷と訳されることが多いが、ギリシャ語で「どこにもない場所」という意味のモアの造語。架空の島に存在する国を題材にした物語で、社会や政治、経済について描かれており、現実のイギリスやヨーロッパ諸国の批判や問題提起が含まれている。

　1515年からヘンリー8世に仕えたモアは国王からの信頼が厚く、1521年に騎士の称号を与えられ、1529年には官僚で最高位の大法官に就任した。この頃から政治と宗教の問題に直面する。ヘンリー8世の離婚問題を巡って対立すると大法官の職を辞任し、これが国王への反逆罪にあたるとしてロンドン塔に幽閉され、死刑の判決が下された。1535年にモアは信仰に命を捧げると宣言しながら、斬首刑に処された。この処刑は「法の名のもとに行われたイギリス史上最も暗黒な犯罪」といわれている。1935年、カトリック教会の殉教者として聖人となり、政治家と法律家の守護聖人となった。

＊『痴愚神礼讃』＝貴族や教皇を対象とする過激な内容から、しばしば発禁処分を受けていた。エラスムス作の風刺文学。ラテン語で書かれており、1509年に執筆、1511年に初版が発行された。

No.14　　　　　　　　　　　　　　　　　　　　Sir William Wallace

ウィリアム・ウォレス

出生：スコットランド
生没：1270年頃〜1305年8月23日
職業：騎士、軍事指導者
業績：スターリング・ブリッジの戦いで勝利

スコットランドの自由と正義の英雄

▲スコットランドのアバディーンにあるウォレスの像。

　ウィリアム・ウォレスは、1270年頃スコットランドのレンフルーシャー*で生まれたといわれている。当時のイングランド王エドワード1世による過酷なスコットランド支配の中で、スコットランド人を率いて自由のために戦った国民的英雄として今もなお語り継がれている。

　1272年、イングランド王に即位したエドワード1世はグレートブリテン島の統一を目指し、ウェールズへと侵攻。ウェールズ大公ルウェリン・アプ・グリフィズを倒し、領土を併合した。次にスコットランドに狙いを定め、1290年にスコットランド女王マーガレットが亡くなると王位継承に介入し、親イングランド派のジョン・ベイリャルを即位させた。しかし、エドワード1世に従うジョンへの反発が国内で徐々に高まり、1295年にスコットランド議会がフランスと同盟を組むと、エドワード1世はついに侵攻を開始する。

*レンフルーシャー＝中心地ペイズリーは、グラスゴーの西11キロほどにある。　*ジョン・ベイリャル＝スコットランド王。妻はイングランド王エドワード1世の従姉妹であり、スコットランド総督となるサリー伯ジョン・ド・ワーレンの娘。

▲ウォレスがイングランド軍を偵察した丘に建てられた記念塔のウォレス・モニュメント。

　エドワード1世によってスコットランドの総督に命じられたサリー伯ジョン・ド・ワーレンの民衆を過酷に弾圧する統治に不満が広がり、当地の人々の心に火を付けた。この中心にいた人物がウィリアム・ウォレスだった。愛国者であるウォレスの元にはイングランドに反発するスコットランド貴族から民衆までが集まり、分散していたイングランドへの抵抗がまとまっていく。

　ウォレスの挙兵を受けたエドワード1世は、ジョンに進軍を命じた。北スコットランドの貴族アンドリュー・モレーと合流したウォレス率いるスコットランド軍と、イングランド軍は1297年にスコットランドのスターリング・ブリッジで激突。数に勝り、騎兵も有していたイングランド軍の優勢に思えたが、地の利を生かしたウォレスの作戦によりスコットランド軍の勝利となる。この活躍でウォレスは騎士に叙され、スコットランド王国の守護官に任命される。しかし、1298年のフォルカークの戦いでイングランド軍に敗れると責任を取って守護官の職を辞した。そして1305年、かつての部下の裏切りにより、イングランドに引き渡された後、処刑された。

＊スターリング・ブリッジの戦い＝イングランドからの独立戦争において初めてスコットランド側が勝利した大きな戦い。
＊フォルカークの戦い＝エドワード1世がウォレス率いる軍を破る。イングランドのロングボウ（長弓）の威力が発揮された。

No.15

John Harrison

ジョン・ハリソン

航海を変えたクロノメーターの製作者

出身：イングランド、ヨークシャー、ウェイクフィールド、フォールビー
生没：1693年3月24日〜1776年3月24日
職業：時計職人

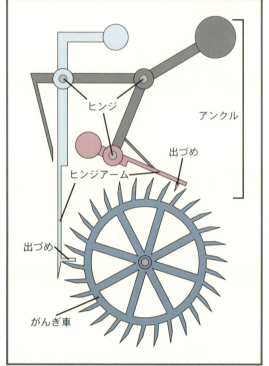

▲1720年代にハリソンが開発した、低摩擦で歯車を一定の速度で進めるグラスホッパー脱進機。

　大航海時代、ヨーロッパからアフリカ、アメリカ、アジアへと向かう航海が増え、海難事故も増す。そこで、船の現在位置を知るための経度や緯度を測定できる正確な時計が必要になったが、揺れる船の上で使用できる時計は開発されていなかった。1714年、イギリス議会が開発者に懸賞金を出すとする「経度法*」を制定すると、ジョン・ハリソンはこの問題に取り組み始める。

　ウェイクフィールドで生まれたハリソンは、大工である父の仕事を手伝いながら独学で物理学や機械学を学ぶ。1713年に作成した木製の時計が性能の良さから評判となり、時計職人として生計を立てるようになる。

　1735年、開発から7年をかけクロノメーターH1*が完成した。この時計は揺れや温度の変化に強く、試験の結果もよかったため、経度委員会から改良のための資金援助を受け、1760年に完成したH4は委員会が求める性能を発

＊経度法＝イギリス〜西インド諸島間の航海で経度誤差が1度以内の測定方法を発見した者に懸賞金を与えるとした法律。＊クロノメーター＝温度、湿度の変化や船の揺れに影響されにくい、精度の高い携帯用ゼンマイ式の時計。

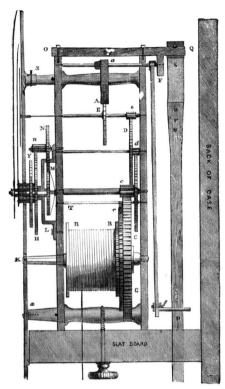 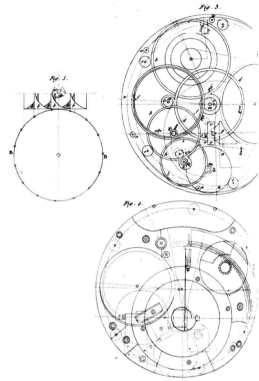

▲1800年代半ばの置時計の側面図。　　▲1767年に出版した本のH4クロノメーターの挿絵。

揮した。ポーツマスからジャマイカまでの61日間の航海実験で、その誤差はわずか45秒だった。H4の完成で懸賞金獲得の条件は満たしていたが、天文学的方法による経度測定法にこだわっていた天文学者の反発にあい、公正に評価されず、賞金も一部しか払われなかった。

　委員会の無理難題に応え、1764年に完成したH5はさらに精度が上がり、5カ月の航海で誤差は15秒。しかし賞金は全額支払われず、ついにハリソンの息子ウィリアムが国王ジョージ3世に直訴する。1773年、王の前で行った実験に成功したジョンは約50年かかったクロノメーターの開発の報酬として、懸賞金を全額獲得する。クロノメーターの登場で当時の航海のあり方は一変し、安全な長距離航海の可能性も広がった。また、イギリス海軍の艦艇にも配備され、海軍の作戦遂行能力を著しく向上させた。

＊経度委員会＝アイザック・ニュートンやエドモンド・ハレーなどを擁する委員会。海上の揺れでも秒単位の精度の時計であれば、正しい経度が測定できるとした。経度法の条件を満たすか否かを評価した。

No.16

William Caxton

ウィリアム・キャクストン
イングランドにおける活版印刷の始祖

出生：不明
生没：1415年ないし1422年頃〜1492年3月頃
職業：商人、外交官、著作者、印刷業者
業績：イングランドで初めて印刷機を導入した

▲キャクストンの印刷者標章。

▲エドワード4世とエリザベス王妃に最初の印刷見本を見せているキャクストン。

　ウィリアム・キャクストンは、イングランドで初めて活版印刷を行った人物とされる。1422年頃にロンドン南東のケント州ウィールドで生まれたとされているが、出自ははっきりしていない。毛織物商人として輸出入に携わり海外を飛び回っていたところ、商売の拡大でドイツのケルンを訪れた際に印刷技術の高さに感銘を受け、当地で印刷技術を学び、母国に持ち帰ろうとした。グーテンベルク*が活版印刷を発明してから20年程が経過していた。

　1473年、当時住んでいたベルギーのブルッヘで印刷業を始めると、フランドル*人のコラード・マンションの協力を得ながらキャクストン自らが英語に翻訳した『トロイ史集成』を印刷する。本書は英書印刷の発端といわれている。その後、ウェストミンスターに戻り本格的に印刷会社を設立すると、

＊グーテンベルク＝ヨハネス・グーテンベルク（1398年頃〜1468年2月3日）。ドイツ出身の金属加工職人であり、活版印刷の発明者とされる。　＊フランドル＝オランダ南部、ベルギー西部、フランス北部の一帯。

▲当時すでに、金属活字、油性インク、圧縮機のような木製印刷機が使われていた。

ジェフリー・チョーサーの『カンタベリー物語』を皮切りに、15世紀にイングランドで人気を博した英文学作品を出版していく。以後、騎士道物語や古典、歴史書を中心に出版し、イングランドの上流階級に受け入れられていく。

キャクストンの出版物は生涯で100を超え、そのうち英語で印刷されたものは8割ほど。そのため、彼の出版物が人気を博し人々の間に広まっていくと、英語の綴りが定標準化していく。彼は印刷という新しいメディアをイングランドにもたらしただけでなく、英語の急速な変化と発達にも貢献した。

1492年頃に亡くなると、ウェストミンスターの聖マーガレット教会に埋葬された。キャクストン亡き後も、ウィンキン・ド・ウォードをはじめとする弟子達は印刷所を引き継ぎ出版を行っていく。印刷物にはキャクストンのマークが入れられ、イングランド印刷の始祖としての権威は尊重され続ける。

＊『カンタベリー物語』＝イングランドの詩人ジェフリー・チョーサーによる14世紀の作。カンタベリー大聖堂への巡礼の途中、偶然に同宿となった身分や職業が異なる人々が、旅の徒然に各々が知る物語を順に語っていく。

No.17   Jane Austen

ジェーン・オースティン
『高慢と偏見』を著した女流作家

出生：イングランド、ハンプシャー、スティーブントン
父親：ジョージ・オースティン／母親：カサンドラ・オースティン
生没：1775年12月16日〜1817年7月18日
職業：小説家
作品：『高慢と偏見』『分別と多感』『エマ』など

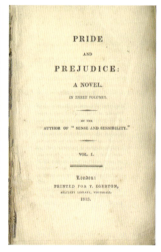

【左】オースティンが晩年8年間を過ごした家。【右】『高慢と偏見』。

　1775年、小さな村スティーブントンで生まれたジェーン・オースティンは『高慢と偏見』『分別と多感』など、今も世界中で愛読されている小説を著した小説家。イングランドの田舎を舞台に中流階級の女性の姿を生き生きと描いたオースティンは、イギリスの国民的作家の1人である。

　牧師であった教育熱心な父親に育てられたオースティンは、10歳でバークシャーのレディングにあるレディング修道院女子寄宿学校に入学する。この時、ゲーテをはじめとする多くの文学作品を読み、14歳になる頃には小説の執筆を初めて家族や友人に披露していたという。

　1801年、父ジョージが長兄のジェームズに牧師職を譲ると、一家は温泉

＊バークシャー＝イングランドで最も古い州の1つ。ウィンザー城がある。

保養地として当時から有名だったサマセットのバース*へと移住する。約5年間のバースでの日々は、彼女の小説に大きな影響を与えたとされる。初の長編小説『ノーサンガー・アビー』が出版向けに改訂され、ロンドンの書店に並んだのもこの頃のことだった。

1809年、チョートン*に移り住むと、多くの作品を発表していく。1811年に『マンスフィールド

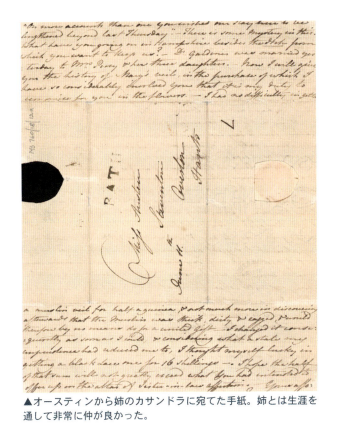

▲オースティンから姉のカサンドラに宛てた手紙。姉とは生涯を通して非常に仲が良かった。

・パーク』と『分別と多感』、1813年に『高慢と偏見』を出版する。だが、当時はすべての作品を匿名で発表していたため、ジェーン・オースティンの名が世に知られることはなかった。1816年になると頻繁に体調を崩すようになり、翌年41歳の若さでこの世を去った。死因は副腎皮質の疾患によるものだとされている。

オースティンの作品は、いずれも平凡な田舎で起こる出来事が描かれている。階級社会の中で生きる女性の自由や恋愛についてが、当時のありのままを語っていた。近代イギリス小説の頂点とも称されており、いくつもの作品が映像化、映画化されている。

その人気は未だ衰えることなく、没後200年の2017年には10ポンド札の肖像画に採用された。

＊バース＝イングランド西部、サマセットにある町。ブリストルから24kmほど内陸。
＊チョートン＝イングランド南部、ハンプシャー州の町。ポーツマスから35kmほど内陸。

No.18　　　　　　　　　　　　　　　　　　　　Sir Francis Drake

フランシス・ドレーク

世界一周を果たした女王公認の大海賊

別名：エル・ドラケ、ドラコ
出生：イングランド、デヴォン、タヴィストック
父親：エドマンド・ドレーク／母親：メアリ・ミルウェイ
生没：1543年頃～1596年1月28日
職業：航海者、海賊、海軍提督
業績：イングランド人初の世界一周、スペイン無敵艦隊を撃破

▲女王からナイトの称号を受けるドレーク。

▲ゴールデン・ハインド号のレプリカ。

　フランシス・ドレークは、エリザベス1世の治世に私掠船*の船長として活躍し、イングランド人として初めて世界一周に成功。スペイン無敵艦隊をも破った。1543年、12人兄弟の長男として生まれたドレークは、10歳には海に出ていたという。25歳で自分の船を持ち船長となると、親戚のジョン・ホーキンスの船団に入り奴隷貿易を行っていたが、航海中にスペイン海軍の

＊私掠船＝交戦国の船を攻撃して、積み荷を奪う許可（私掠免許）を得た個人所有の武装船。ドレークの場合は、イングランドとアイルランドの女王エリザベス1世からスペイン船に対する略奪許可（海賊行為）を得ていた。

▲ドレークが世界一周をした進路。航海中に当時未発見だった南米大陸と南極大陸の間の海峡が発見され、ドレーク海峡と名付けられた。

奇襲を受け、船団はほぼ壊滅してしまう。ドレークはイギリスまで逃げ延びたが、この出来事はスペインに対する強い復讐心を植え付けることとなった。

　1570年、船を新たに調達すると、当時スペインの植民地だった西インド諸島周辺での海賊行為を開始する。略奪した財産で富を得たドレークは1577年にガレオン船[*]ゴールデン・ハインド号を主とした5隻の艦隊でプリマス港を出発し、世界一周への航海に出る。スペイン植民地やスペイン船を襲撃しながら太平洋を横断。インド洋から喜望峰を回ってイギリスに帰国したのは1580年のことで、無事プリマスに戻れたのはゴールデン・ハインド号だけだった。エリザベス女王に当時の国家予算以上の財宝を献上すると、この功績によりイギリス海軍の中将に任命され、同時に騎士の称号も叙された。

　1588年にイギリス海峡で行われたアルマダの海戦ではイギリス艦隊の副司令官として、スペイン無敵艦隊と相対することとなる。カレー沖の戦いで火の付いた船を敵艦隊にぶつけるという、海賊らしい戦法で敵の陣形を崩し、スペイン艦隊を壊滅させる。スペイン人からはドラゴンを意味する「エル・ドラコ[*]」と呼ばれ恐れられていたドレークだが、国民には英雄視されていた。

＊ガレオン船＝16世紀中頃から18世紀にかけて使われた帆船の形式。4本または5本の帆柱があり、1列か2列の砲列を装備していた。　＊エル・ドラコ＝キリスト教世界でのドラゴンは、悪の象徴、悪魔との同一視、邪悪な生きものとされていた。

No.19   George Stephenson

ジョージ・スチーブンソン
交通の歴史を変えた鉄道の父

別名：鉄道の父
出生：イングランド、ノーサンバーランド、ウィラム
生没：1781年6月9日～1848年8月12日
職業：土木技術者、機械技術者
業績：蒸気機関車を使用した公共鉄道の実用化に成功

▲産業蒸気機関車の原点とされ、蒸気機関車を選定するレインヒル・トライアルで優勝したロケット号。

　蒸気機関車が開発される以前、鉄道に台車を載せそれを荷役動物に牽かせていた。代表的なものは馬車鉄道で広く使用されていたが、18世紀中頃から始まった蒸気機関の開発による動力源の革命により、鉄道の歴史も変わっていく。蒸気機関車を世界で最初に公的に実用化したのが、「鉄道の父」とされるジョージ・スチーブンソンだ。

　スチーブンソンは、1781年にイングランド北東部ノーサンバーランド州のウィラムで生まれた。父はウィラムの炭鉱で機関夫の仕事をしていたが、子どもを学校に通わせることができなかった。

＊キリングワース＝イングランド北東の炭鉱。　　＊リチャード・トレビシック＝蒸気機関車を発明した機械技術者。コーンウォールの鉱山町出身で、1801年には蒸気自動車を思索している。生没は1771年4月13日～1833年4月22日。

▲リバプール・アンド・マンチェスター鉄道は、世界初の蒸気機関車を用いて営利事業を行った鉄道だった。

　彼は17歳で機関夫になるが、勉学が必要だと感じ働きながら夜間学校に通う。1802年に結婚し、翌年に子どもが生まれると、キリングワース炭鉱で制御手として働くようになる。

　1811年にキリングワースの別の炭鉱で、蒸気機関が動力の故障したポンプの修理に成功すると、技師に昇進し、周辺の炭坑に備えられている機械の整備を請け負うようになり、蒸気機関の専門家とされるようになる。

　1802年、高圧蒸気機関を開発したことで知られるリチャード・トレビシックが実際に稼働する蒸気機関車を発明する。

　一方、スチーブンソンは、炭鉱で石炭を輸送する蒸気機関車を設計し、「ブリュッヘル」と名付け走行に成功。1820年にはヘットン炭鉱からサンダーランドまでの13kmの炭鉱鉄道の建設に着手し、1822年に開通させた。この路線は、世界初の荷役動物に牽引させない鉄道であった。

　1821年にストックトン・アンド・ダーリントン鉄道の建設に関する法案が議会で可決されると、鉄道会社の社長エドワード・ピーズと共に鉄道の建設に着手。

　1825年、「ロコモーション1号」と命名された蒸気機関車を完成させた。同年9月に鉄道が開通すると、スチーブンソンが運転するロコモーション1号は80tの石炭と乗客を乗せ、2時間で15kmを走行し、無事に成功を収めた。

　これが世界初の蒸気機関車での旅客輸送となる。スチーブンソンが採用した鉄道のレールの幅は標準軌として世界中で使用されることとなった。

＊ストックトン・アンド・ダーリントン鉄道＝世界初の蒸気機関車による公用鉄道。イングランド北部の工業都市ダーリントンとイングランド北東部ダラム州の町ストックトン・オン・ティーズ間に建設された。

No.20　Oliver Cromwell

オリバー・クロムウェル

イギリス初の共和制を実現させた護国卿

出生：イングランド、ハンティンドンシャー、ハンティントン
家系：清教徒でありジェントリ階級
生没：1599年4月25日～1658年9月3日
職業：政治家、軍人、イングランド共和国初代護国卿
業績：国王チャールズ1世を追放し、イングランド共和国を成立

▲ケンブリッジのイーリーにあるクロムウェルが10年間住んだ家。現在は観光案内所となっている。

　清教徒（ピューリタン）とは、16世紀にイングランドで成立したイングランド国教会の改革を唱えたプロテスタント・グループのこと。1642～49年にかけて自由を求める市民革命の担い手となり、この一連の動きが清教徒革命。この清教徒革命の指導者が、オリバー・クロムウェルだ。

　オリバー・クロムウェルはイングランド東部ハンティンドンシャーのジェントリ階級の出身で、熱心な清教徒であった。ケンブリッジ大学で学んだ後、1628年に下院議員となるが、議会の解散後は地元に戻り治安判事をしていた。1640年、ケンブリッジ市から議員に選出され、政治の世界に戻る。

　当時のイングランド王チャールズ1世は即位後、議会と対立したため、議

*ジェントリ＝15～16世紀のイギリスにおける下級地主層の総称で、大地主のこと。男爵の下に位置し、上流階級に含まれる。

▲病死したクロムウェルの遺体は墓から掘り起こされ、絞首刑の後に斬首された。首はウェストミンスター・ホールの屋根の上で四半世紀晒され続けた。

会を解散させ、専制政治を進めていた。イングランド国教会の統一に乗り出し、清教徒の弾圧を始める。これに対して、宗教的自由を求めてイングランド各地で反乱が起きた。議会の中心勢力であったジェントリが、反乱の中核を担う。議会派に属していたクロムウェルは王党派と対立。1642年、内戦が勃発すると、清教徒を率いて鉄騎隊を編成。1644年、マーストン・ムーアの戦いで勝利を収めた。1645年のネーズビーの戦いにおいて、王党派に壊滅的な損害を与えると、チャールズ1世は議会派に捕らえられ処刑された。

議会派の中心となっていたクロムウェルは、指導者としてイングランド共和国の樹立を宣言し、共和制(コモンウェルス)を実現する。しかし、権力を握ったクロムウェルは次第に独裁的となり、1653年に王権に匹敵する最高統治権が与えられる護国卿に就任すると、軍事独裁体制を強化していく。アイルランドを侵略し植民地化を進め実質的な国王となっていったが、1658年にマラリアにかかり死亡した。死後は息子が後を継ぐが世襲は長く続かず、護国卿政は終わり、王政復古へと向かった。

＊マーストン・ムーアの戦い＝ヨーク西方10kmのマーストン・ムーアにおける戦闘。王党派が掌握していたイングランド北部が議会派に奪われた。　＊ネーズビーの戦い＝ノーサンプトンシャー州マーケット・ハールバラ近郊ネイズビーでの戦い。

No.21   Frank Whittle

フランク・ホイットル
ターボジェットエンジンを開発した立役者

出生：イングランド、コヴェントリー
生没：1907年6月1日～1996年8月9日
職業：空軍士官、技術者
業績：ターボエンジンの実用化に貢献

▲イギリスで最初のジェット機のグロスターE.28 / 39。

　ジェットエンジンの開発者として知られるフランク・ホイットルは、イングランドのウェスト・ミッドランズ州のコヴェントリーで機械工の家に生まれる。1923年にイギリス空軍に少年練習生として入隊し、航空士官学校で操縦士の訓練を受け1928年に卒業した。航空士官学校在籍中にガスタービンを応用したジェットエンジンの構想を思い付き、ケンブリッジ大学工学部在学中にターボジェットエンジンの論文をまとめ、1930年に特許を取得。しかし、軍需省は実用化の見込みがないと判断し、実機試作の援助がなかった。また、1935年にはホイットルが特許の更新料を払えず、特許を失効した。
　その後、空軍の勤務に戻るが、ジェットエンジンの開発は続けた。1936年、

＊コヴェントリー＝ロンドンに次ぐ第2の大都市であるバーミンガムから東に20kmほどにある町。
＊ガスタービン＝高温のガスでタービンを回転させ、運動エネルギーを抽出する原動機。

▲パワージェッツ社が開発したW.2/700ターボジェットエンジン。

ジェットエンジンの設計と開発のために設立されたパワージェッツ社に参加すると、遠心式のターボジェットエンジンを試作し、1937年に試運転を成功させる。第二次世界大戦が勃発すると政府からの研究支援が始まり、ホイットルの開発したエンジンがグロスターE.28/39に搭載され、1941年に初飛行に成功した。最高時速は544kmで、当時の飛行機では考えられないスピードだった。この成功によりイギリスはジェットエンジン先進国となり、この新しい航空機用動力は、1950年代にターボファンエンジンが開発されるまで旅客機などに広く用いられた。

　1948年に空軍准尉で退役したホイットルは、同年騎士の称号を授与される。最初のジェットエンジン開発者となったホイットルだが、ジェット機をいち早く完成させたのはドイツの技術者ハンス・フォン・オハインだった。1930年の特許出願時に適切な予算が与えられていれば、最初のジェット機の栄誉はホイットルのものだったろう、とオハインは後に語っている。

＊グロスターE.28/39＝ターボジェット機。ホイットルの設計したターボジェットエンジンをテストするめに開発された。
＊最初のジェット機＝1910年にルーマニアが開発したコアンダ＝1910が世界初。モータージェット機で飛行に失敗。　　　　　47

No.22　　　　　　　　　　　　　　　　　　　　Robert Falcon Scott

ロバート・スコット
初の南極点到達を目指した探検家

出生：イングランド、プリマス
生没：1868年6月6日〜1912年3月29日
職業：海軍軍人、探検家
業績：南極点到達
最終階級：大佐

▲南極点に到達したときのスコット（後列中央）と探検隊。

　1899年、イギリス海軍のロバート・スコット少佐は王立地理学協会による南極探検の計画があることを知り、隊長となり南極探検に赴くことを志願した。翌年、イギリス政府の支援による計画に参加する。1901年、本格的な南極調査隊としてディスカバリー号に乗り込むと、第1回南極探検へと旅立った。南極点には到達できなかったが、研究成果は高く評価された。

　1910年、2回目の南極探検へと出発する。スコットと33名の隊員を乗せたテラ・ノヴァ号は1911年にロス島[*]に到着。ケープ・エヴァンス基地を設

*ロス島＝南極のロス海にある火山島。地球で最も南にある活火山、エレバス山がある。

▲スコット隊とアムンセン隊の進路。

営して、万全の準備を整える。この時、ノルウェーのロアール・アムンセン*も南極点到達を目指していた。同年10月、南極での越冬を終えたスコット隊は基地を出発し、南極点に向かう。エンジン駆動の雪上車と馬ぞりを用意したが、故障や餌不足により移動手段を早々に失っている。最終的に人力でそりを引きながら、2週間後の1912年1月17日に南極点へと到達する。

　南極点には、アムンセンが立てたノルウェーの国旗がすでに掲げられていた。翌日、帰路に着くが隊員の衰弱は激しく、不測の荒天が続いたことから、3月29日に全滅してしまう。捜索隊によって日記が発見されるが、アムンセンがスコットよりも先に南極点に到達していた記録が残されていた。スコットは、最後までライバルに対して紳士的であった。

＊ロアール・アムンセン＝1872年7月16日生まれ。1911年12月14日、南極点に到達。1926年、飛行船による北極点到達に成功。同行者オスカー・ウィスティングと共に史上初めて両極点到達に成功する。1928年6月18日頃北極にて遭難し、行方不明。　49

No.23　　　　　　　　　　　　　　　　　　　Charles Babbage

チャールズ・バベッジ
段差機関を生んだコンピューターの父

出生：イングランド、ロンドン
生没：1791年12月26日～1871年10月18日
職業：数学者
分野：数学、分析哲学、計算機科学
業績：世界で最初にプログラム可能な計算機を考案

Massimo Parisi / Shutterstock.com

▲バベッジの設計図を元にサイエンス・ミュージアムが製作した階差機関2号機。

　階差機関（ディファレンス・エンジン）を研究、開発したチャールズ・バベッジは、産業革命期のロンドンに生まれた。幼少期から熱心な教育を受けたバベッジは、1810年にケンブリッジ大学トリニティ・カレッジに入学し、数学を学ぶ。在学中には解析数学学会を設立し、ライプニッツ流の微積分学をイギリスに定着させる活動を行っていたという。

＊ライプニッツの記法＝ドイツの哲学者、数学者であるゴットフリート・ライプニッツにより提唱された微分の記法の1つ。

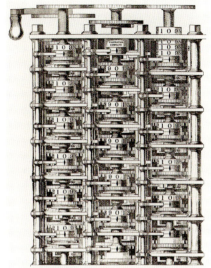
▲階差機関1号機の図。

▲階差機関の拡大写真。

　卒業後も独学で数学を学び続け、対数表※の作成に取り組んだ。対数表は当時、科学研究や機械設計、建築の分野に用いられていたが間違いが多く、正確な手法が求められていた。バベッジは対数表を複数の計算手※に人力で計算させるのではなく、機械に計算させればより素早く間違わずに対数表を作れると考えた。これが後に機械式計算機の構想へとつながった。

　1822年、バベッジは階差機関と名付けた計算機の設計を開始する。この計算機は垂直方向に並べられた歯車の回転を用いて加減算を行うもので、蒸気機関で自動化し、計算の高速化を図ったが、製作は難航した。イギリス政府より資金援助を受けたが、階差機関第1号が完成することはなかった。

　1832年に階差機関の製作が打ち切られると、バベッジはより複雑な解析機関の構想を始め、1871年に79歳で死去する寸前まで改良を続ける。

　バベッジが構想した階差機関2号は、ロンドンのサイエンス・ミュージアムによりバベッジの設計図を元に作られ、1991年に完成。この2号機が完全に機能したことで、バベッジの考えは正しかったことが証明された。また、完成により、世界で初めてのプログラミング可能な計算機の考案であったことが実証された。現在ではコンピューターの父と呼ばれている。

＊対数表＝10を底とする対数の値を表にしたもの。
＊計算手＝電子計算機が実用化される以前、研究機関や企業などで数学的な計算を担当していた人のこと。

No.24

Geoffrey Chaucer

ジェフリー・チョーサー
世俗の言葉を使った最初の文人

出生：イングランド、ロンドン
生没：1343年頃～1400年10月25日
職業：詩人、哲学者、外交官
作品：『カンタベリー物語』など

▲『カンタベリー物語』に出てくるカンタベリー大聖堂。

　中世イギリスの偉大な詩人ジェフリー・チョーサーは、1343年頃ロンドンの裕福なワイン商人の家に生まれた。幼少期から宮廷に奉公し、後に軍人になると100年戦争に参加したという。この時、フランスで捕虜となるが、イングランド王エドワード3世が身代金を払い保釈されると再び宮廷に仕えた。外交官や税関監督官、工事監督、治安判事、代議士など様々な職に就いたことが、後に作家としての作品の幅を広げたとされる。

＊ジョン・オブ・ゴーント＝イングランドの王族で、イングランド王エドワード3世とフィリッパ・オブ・エノーの息子。生没1340年3月6日～1399年2月3日。

Christine Bird / Shutterstock.com

▲カンタベリーに建つチョーサーの像。

▲『カンタベリー物語』の挿絵。

　作家としては当時の宮廷で流行していたフランス文学『薔薇物語』の英訳に始まり、チョーサーのパトロンであったジョン・オブ・ゴーント夫人の死を悼んだ『公爵夫人の書』がある。その後はイタリア文学に触発され、ダンテの『神曲』の影響が見られる『誉の宮』や、トロイ戦争をモチーフにした『トロイルスとクリセイデ』などを生み出していく。

　チョーサーの代表作として名高い『カンタベリー物語』は1387～1400年頃に書かれた未完の大作で、当時イングランドを支配していたノルマン人貴族が用いていたフランス語や教会用語であったラテン語ではなく、世俗の言葉（中英語）を使って執筆された。チョーサーは中英語を使用した最初の作家とされており、ジョヴァンニ・ボッカチオの『デカメロン』に影響を受けた『カンタベリー物語』は、カンタベリー大聖堂へと向かう巡礼者達が自分の知っている物語を語っていく説話集という形式。チョーサーの作品は鋭い人間観察と、皮肉の効いたイギリス的なユーモアに溢れてる。チョーサーの作品は後世のイギリス詩に与えた影響が大きく、近代文学の原点といわれ英詩の父と称されている。英語を文学の言語として確立した作家でもある。

＊中英語＝1066年のノルマンディー公ギヨーム2世によるイングランド征服から15世紀後中頃までの英語。
＊ジョヴァンニ・ボッカチオ＝中世イタリア、フィレンツェの詩人で散文作家。生没1313～1375年12月21日。

No.25　　　　　　　　　　　　　　　　　　　　　　　John Logie Baird

ジョン・ロジー・ベアード
遠距離でのテレビ放送を実現した発明家

出生：スコットランド、アーガイル・アンド・ビュート、ヘリンズバラ
生没：1888年8月13日～1946年6月14日
職業：電気技術者、発明家
業績：世界で初めてテレビで動くものの遠距離放送に成功

▲1931年ニューヨークで機械式テレビシステムを実演するベアード。

　テレビジョン誕生の元となった映像技術の開発が始まったのは、1873年のイギリスだった。1817年に発見された元素セレン[*]に光を当てると電流が流れることが判明し、これを活かして映像を電気信号に変換する技術の研究が始まる。1884年、テレビの実用化につながる大きな発明があった。ドイツの技術者ニプコーによるニプコー円板は、回転する円板に等間隔で穴が開けられており、これにレンズを使って像を投影すると線に分解されたパターンが検出され、この光の信号を電気信号に変換[*]することで、受信側に画像を

＊セレン＝原子番号34の元素。元素記号はSe。セレニウムとも呼ばれる。日本は生産国の上位にある。　＊光の信号を電気信号に変換＝光の強弱を電気（電流または電圧）の強弱に変換すること。

▲1925年腹話術人形の頭部を被写体に用いてグレースケールの画像の送受信に成功した。

再構築できるという画期的な技術だった。このニプコー円板を使用して機械式テレビを発明したのが、スコットランドのジョン・ロジー・ベアードだ。

電気技術者として働きながらテレビ開発に心血を注いでいたベアードは、1923年にニプコー円板を使った世界初のテレビシステムを完成させた。

1925年、ロンドンの実験室でグレースケール画像の送受信に成功した。翌年、ロンドンの王立研究所で動画の生映像をテレビで送受信させる公開実験に成功し、1928年にはカラーテレビの公開実験にも成功した。この時の実験にはニプコーも参加しており、実験の成功に感動していたという。ロンドン〜グラスゴー間やロンドン〜ニューヨーク間などの長距離放送にも成功したベアードの機械式テレビは、テレビ史において重要な出来事だった。

ベアードのテレビシステムは1929〜32年まで英国放送協会（BBC）で使用されていたが、後にウラジミール・ツヴォルキンらによる電子式テレビが開発されると衰退する。以後、電子式テレビシステムの開発に様々な貢献をしたベアードは、テレビ開発に多大な影響を与えたとして2002年にBBCが行った「100名の最も偉大な英国人」の投票で44位に選出された。

＊機械式テレビ＝機械的な装置で映像を走査する仕組みのテレビ。　＊グレースケール画像＝写真のように濃淡のある画像。
＊電子式テレビ＝現在のテレビにつながる方式で、電子線によって映像を走査する仕組み。

No.26　　　　　　　　　　　　　　　　　　　　　　James Watt

ジェームズ・ワット

産業革命を大きく推し進めた蒸気機関の父

出生：スコットランド、レンフルーシャー、グリーノック
父親：ジェームズ・ワット／母親：アグネス・ミューアヘッド
生没：1736年1月19日〜1819年8月25日
職業：発明家、機械技術者
業績：蒸気機関の改良

Caron Badkin / Shutterstock.com

▲図面を囲むワット（右）、ボールトン（中央）、マードック（左）の像。

　イギリスの産業革命を代表する発明家であるジェームズ・ワットは、トーマス・ニューコメンによる蒸気機関に大きな改良を加えて、機械動力の実用化に成功した。

　1736年、スコットランド中部の港町グリーノックで生まれた父と同名のジェームズは、18歳で計測機器の製造技術を学ぶためロンドンに行く。優秀だったワットは通常4年かかって習得する技術を、わずか1年で獲得し、スコットランドに戻ってグラスゴーで機器製造事業を始めようとする。だ

＊トーマス・ニューコメン＝イングランド南西部デヴォン州ダートマス生まれ。生没1664年2月24日〜1729年8月5日。鉱山の排水に使う蒸気機関の発明者。

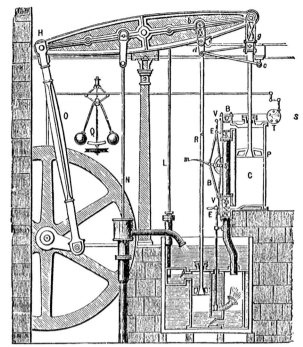

▲1784年にボールトンとワットが設計した蒸気機関の図面。

が、ギルドの許可が降りず断念する。

ジェームズは、ギルドの権力が及ばないグラスゴー大学内で工房を開くと、大学の教授らと共に仕事を始める。

工房を開いた4年後、ジョン・ロビンソン教授を通じて蒸気機関の存在を知ったワットは、興味を持ち、蒸気エンジンの開発と実験に専念し始める。

1708年、ニューコメンが開発した蒸気機関の原型となる気圧機関の修理をしていたジェームズは、気圧機関の欠点に気付きこれの改良を開始。1765年、改良を加えた模型を完成させ、以後もさらに改良し高い性能の蒸気機関の設計にまい進する。

資金難や妻子の死などの苦難に見舞われながらも、1776年、ついに業務用の動力機関を完成させる。ジェームズがグラスゴーに居を移してから実に20年の月日が経っていた。1781年に特許を申請すると、1784年にはピストンの上下運動を円運動に変換する装置の開発に成功。この機関は特に鉱山での採掘中に湧き出る水を汲み上げる目的で使用され、それまで人力で行っていた作業が一気に効率化された。

1794年、設立した蒸気機関製造会社ボールトン・アンド・ワット社[*]は急速に成長し、1824年までに製造した蒸気機関は1164台にも及んだ。

産業革命を大きく前進させたジェームズの蒸気機関の改良は、汎用的な動力源として広く実用化され、エネルギー革命をもたらした。

＊ボールトン・アンド・ワット社＝イングランド・バーミンガムにおいて、マシュー・ボールトンとジェームズ・ワットの共同事業として、1775年に設立した会社。ジェームズが保有していた蒸気機関の特許を基に事業を行った。

出来事
Historical affair

悪戯（いたずら）、殺人、虐殺、戦争
イギリスの歴史事件簿

Quiz

Q 妖精の写真をめぐって起きた20世紀初頭のイギリスを騒がせた事件は？…… p.60

Q 17世紀、未遂に終わった国会議事堂爆破事件は？…… p.62

Q 最初にネッシーを目撃したとされるアイルランドの守護聖人は？…… p.64

Q 19世紀初頭の民衆弾圧事件と言えば？…… p.66

Q 1860年、教育現場の体罰のあり方を変えた事件と言えば？…… p.68

Q 17世紀末、嘆きの谷を意味する未開の地で起きた村人虐殺事件とは？…… p.70

Q 1920年11月21日、アイルランド独立運動で起きた惨劇は？…… p.72

Q 18世紀半ば、グレートブリテン王国とスペインの海上覇権を争った戦争の名は？…… p.74

Q イギリス・オランダ連合艦隊がルイ14世のフランス艦隊に大勝した海戦と言えば？…… p.76

Q 中世において王権の制限と人民の権利を明文化したスコットランドの独立宣言は？…… p.78

Q スペイン無敵艦隊がイングランド艦隊に敗北した16世紀後半の海戦は？…… p.80

Q 17世紀後半スコットランドを中心に、スチュアート朝の復古を望んだ勢力ジャコバイトによる国
　王暗殺計画は？…… p.82

Q 第3次英蘭戦争における最初の海戦は？…… p.84

Q 19世紀、イギリスの宮中人事をめぐり、政治闘争になったものとは？…… p.86

Q 17世紀後半、陰謀の捏造と集団ヒステリーが起こした事件とは？…… p.88

Q 1889年、男性同性愛者が摘発された事件とは？…… p.90

Q 1667年、ネーデルラント連邦共和国がイングランド王国に仕掛けた襲撃の名は？…… p.92

Q 1世紀にローマ人の支配にカレドニア人が抵抗した戦いは？…… p.94

Q 19世紀末のロンドンを震撼させた劇場型犯罪と言えば？…… p.96

Q 薔薇戦争中に起きたランカスター家とヨーク家の戦いと言えば？…… p.98

Q 1910年、イギリス海軍相手に仕掛けた大がかりな悪戯と言えば？…… p.100

Q 10世紀末に数々の奇跡を起こした信仰深い王と言えば？…… p.102

Q ジョン王の圧政が原因の内戦は？…… p.104

Q 100年戦争が招いた大規模な農民一揆は？…… p.106

Q 17世紀、ヨーク公ジェームス最後の戦場は？…… p.108

No.27　The Case of the Cottingley Fairies

コティングリー妖精事件

姉妹が撮影した妖精写真が大騒動に

発　生：1916年7月〜1920年
場　所：イングランド、コティングリー
出来事：撮影した妖精の写真をめぐって起きた論争や騒動

▲フランシスと4体の妖精が写る写真。1916年に撮影された最初の1枚。

　今では世界中に知られるコティングリー妖精事件と呼ばれる騒動は、イギリスの小さな村で暮らす仲の良い姉妹が発端だった。時は1916年、エルシーとフランシスの姉妹は毎日のように「今までどこへ行っていたの？」そう家族に問われるたびに「森で妖精と遊んでいたのよ」と答えていた。しかしこれを信じる大人は、もちろんいなかった。そこで姉妹は、だったら教えてあげるとばかりに、父のカメラを持ち出して森へ向かう。そして森で撮影された写真には、あろうことかフランシスと妖精の姿がはっきりと写っていたのである。父親はそ

＊コティングリー＝グレートブリテン島のほぼ中央にある町。リーズやマンチェスターにも近い。

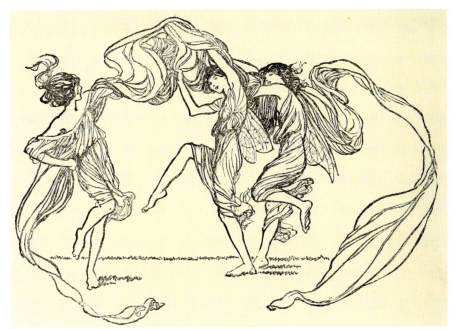

▲エルシーが模写した『Princess Mary's Gift Book』の挿絵。

の写真を見せられると驚いたものの、すぐに姉妹のいたずらだと思い相手にはしなかった。すると2カ月後、姉妹は再び妖精を撮影してきたのだ。すると事態が動き出す。なぜなら父親はその写真の真贋(しんがん)を確かめるべく、知人でもあった作家のアーサー・コナン・ドイル*へ相談を持ちかけたからである。

　ドイルはこの妖精写真を複数の鑑定家に依頼し、当時イギリスで人気だった月刊誌に写真を掲載した。こうしてイギリス全土に妖精写真が出回り、写真の真偽をめぐって大きな論争が引き起こっていく。

　写真は偽物とする意見はあったが、子どもの撮影であることや、当時一般的だった二重写し*による捏造(トリック)の痕跡がないことから、本物との主張も多かった。しかし1930年にドイルが死去すると、この出来事は世間から忘れられていく。

　その後1981年、フランシスは「妖精写真は捏造したもの」だと初めて告白する。方法は単純で、妖精の絵を模写したものを帽子留めのピンで木などに固定してから写真を撮っていたのだという。しかし、フランシスは「妖精を見たことは本当だ」と最後まで主張していたとされる。

＊アーサー・コナン・ドイル＝イギリスの作家、医師。『シャーロック・ホームズ』の作者。生没1859年5月22日〜1930年7月7日。
＊二重写し＝同じフィルムを2回露光する手法。同じフィルムで2回撮影することになり、像が重なる。

No.28　Gunpowder Plot

火薬陰謀事件

未遂に終わった国会議事堂爆破計画

発　生：1605年11月5日
場　所：イングランド、ロンドン、ウェストミンスター宮殿
出来事：過激派のカトリック教徒による国王爆殺未遂
容疑者：ロバート・ケイツビー、ガイ・フォークス、トマス・ウィンター、トマス・ベイツ、ジョン・ライト、ロバート・ウィンター、クリストファー・ライト、トマス・パーシー、ロバート・キーズ、ジョン・グラント、エヴァラード・ディグビー、フランシス・トレシャム、アンブロー・ルークウッド

▲事件の容疑者のうち8人を描いた銅版画「7人の英国貴族」。右から2人目が首謀者のロバート・ケイツビーで、その左が実行役のガイ・フォークス。

　火薬陰謀事件は1605年、エリザベス1世の治世に引き続きジェームズ1世統治下のイングランドでもイングランド国教会が優遇され、弾圧され続けていたカトリック教徒の過激派が宗教的迫害に対して起こした出来事。この事件の容疑者はロバート・ケイツビー＊、ガイ・フォークス＊、トマス・パーシー、トマス・ウィンター、ジョン・ライト、トマス・ベイツ、ロバート・ウィンター、クリストファー・ライトら計13名にもなる。
　火薬陰謀事件の首謀者であるロバート・ケイツビーは1603年の2月、仲

＊ロバート・ケイツビー＝イングランドの貴族で、人望があり、馬術と剣術に秀でていたとされる。生没1573年〜1605年11月18日。

▲ガイ・フォークス、トマス・ウィンター、アンブロー・ルークウッド、ロバート・キーズの死刑執行。

間のトマス・ウィンターとジョン・ライトにウェストミンスター宮殿にある国会議事堂を国王もろとも爆破するという計画を打ち明けた。議事堂を選んだのはカトリック教徒を弾圧する様々な法案が可決されてきたことと、国会議員の多数が国教徒であることに加え、国会の機能を麻痺させることでカトリック教徒が政権を掌握して、イングランドを復興させるという大きな目標のためだった。そしてケイツビーのもとに集まった熱心なカトリック教徒と共に、国会議事堂爆破計画を粛々と進めだした。

　決行予定日は1605年11月5日に定められたが、陰謀は密告によって事前に発覚しており、5日の未明に爆破の実行犯であったガイ・フォークスが捕らえられると、一団は芋づる式に逮捕、処刑され、結局爆破は未遂に終わった。

　この出来事からイギリスでは11月5日は特別な日となり、国王や国会議員の命がテロリストから守られたことを祝う記念日となった。後にガイ・フォークス・ナイトと呼ばれるようになり、現在でも毎年祭りが開催されている。

＊ガイ・フォークス＝青年になってから大陸において、オランダが独立するきっかけとなる八十年戦争にカトリック側として参加した。生没1570年4月13日〜1606年1月31日。

No.29　　　　　　　　　　　　　　　　　　　　Vita Columba / Nessie

コルンバのネッシー目撃

ネッシー伝説の始まり

発　生：565年
場　所：スコットランド、ネス湖
出来事：未確認動物ネッシーを目撃した最古の記録

ネス湖

▲コルンバがネッシーを目撃したネス湖。湖畔には廃墟と化したアーカート城が建つ。

　ネス湖はスコットランド北部ハイランド地方にある、イギリス最大の淡水湖。長さ約35kmに対し幅は約2kmと、川のように細長い。ネス湖にはネッシーという未確認生物がいるとされ、1943年にロンドンの外科医が撮影し、デイリー・メール紙に掲載された写真によって一躍有名となったが、最古の記録は今から1450年以上も前にさかのぼる。

　コルンバは、アイルランド出身の修道僧。スコットランドや北部イングランドの布教の中心地であった中世ケルト教会のアイオナ修道院を創設し、ケルト系修道院制度の父と称されるアイルランド三大守護聖人の1人だ。

　コルンバが565年にこの地にキリスト教を布教するため弟子らを率いていた際、現地の人々から湖を泳いで渡ろうとすると怪物が現れ食い殺されると

＊デイリー・メール紙＝1896年創刊。イギリスで最古のタブロイド紙。社会的に中流より下の読者向け大衆紙。
＊アイオナ修道院＝スコットランド西方海上インナー・ヘブリディーズ諸島アイオナ島にあった修道院。

▲コルンバ(中央)。

▲ネッシーのスケッチ。

聖コルンバ

出身：アイルランド、ガータン
生没：521年12月17日～597年6月9日
職業：修道僧、カトリック教会・聖公会・ルーテル教会・正教会の聖人

アイルランド各地に数多くの修道院を建立し、その後北イングランドや西ヨーロッパ各地にケルト系修道院を広めた。ケルト系修道院制度の父とされ、アイルランドの三大守護聖人の1人。

いう話を聞く。コルンバは確認のため、弟子に対岸まで渡るように命じると、ネス湖から北海へと流れ出るネス川に怪物が現れたという。その瞬間、コルンバは手で十字を切り「止まれ、これより先には行くな。この者に触れるな。戻りなさい」と宣した。すると怪物はおとなしく水中に姿を消し、弟子は助かったという。この体験は690年頃にアダムナーン[*]によって書かれた聖コルンバの伝記『聖コルンバの生涯』に載っている。しかし、ネス湖とネス川は直接つながっておらず、ネス湖につながっているのは19世紀初頭に技術者のトーマス・テルフォード[*]によって建設されたカレドニア運河であるため、記述の信憑性はかなり低いとされる。

　その後ネッシーの目撃例が増加したのは1933年以降のこと。ネス湖周辺に国道が開通し、多くの人々がネス湖を訪れるようになったため、目撃情報が激増したと考えられている。20世紀最大級のミステリーとされ、世界的に有名になった未確認生物ネッシーだが、真偽はともかくコルンバがこの地において、見たこともない動物と出会ったことは本当なのかもしれない。

＊アダムナーン＝第9代アイオナ修道院長（在職679～704年）。
＊トーマス・テルフォード＝スコットランドの土木技師、建築家。生没1757年8月9日～1834年9月2日。

No.30

ピータールーの虐殺
19世紀初頭の民衆弾圧事件

The Peterloo Massacre

発　生：1819年8月16日
場　所：イングランド、マンチェスター、セント・ピーターズ・フィールド
出来事：軍による民衆弾圧
被害者：集会に参加していた一般民衆、15人死亡、400〜700人負傷
加害者：治安判事ウィリアム・フルトン、マンチェスター・アンド・サルフォード義勇騎兵団

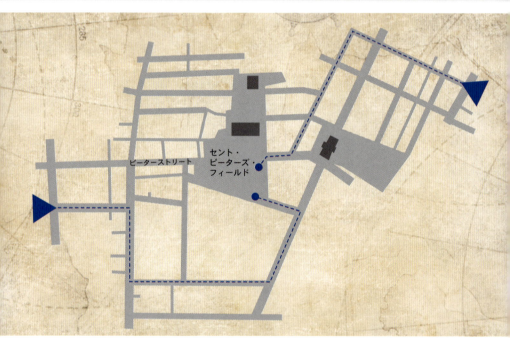

▲1819年8月16日のセント・ピーターズ・フィールド周辺の地図。マンチェスター・アンド・サルフォード義勇騎兵団は地図上の青い点線のルートを通り集会へ向かった。

　選挙法の改正を求める民衆の集会にサーベルを抜いた騎馬隊が突撃し、多数の死傷者を出したイギリス史に残る大惨事。1815年にナポレオン戦争が終結し不景気になっていく。同時に"夏のない年"と呼ばれる冷夏が襲う。
　国内の穀物生産者を保護するため、*穀物法が制定されると輸入穀物に高い

＊穀物法＝1815〜1846年の穀物取引に関する法律を指す。地主貴族層の利益保護が目的の穀物価格の高値維持のための法律で、安価な穀物の供給による労働者賃金の引き下げをしたい産業資本家層と対立があった。撤廃後、自由貿易体制が確立した。

▲大衆指導者であるヘンリー・ハントの逮捕を描いた版画。

関税が課せられ、物価が高騰し、賃金は下がった。繊維産業の織工の場合、1803年に比べ3分の1程度まで下がったという。さらに、選挙制度が公平性を欠いていた。そんな歪な社会の最前線の1つがマンチェスターだった。

そこでマンチェスター・オブザーヴァー紙出身の急進派が設立した、マンチェスター愛国連合によって、選挙制度改革を目指す集会が計画された。同紙創刊者のジョゼフ・ジョンソンは、有名な急進派のヘンリー・ハントに司会を手紙で依頼する。この手紙は政府によって事前に開封され、「暴動を防ぐことはできない」の一文から、当局はこれを暴動の計画と解した。集会は何度も延期されたが、8月16日に行われた。子供も参加している平和な集会で、参加者は後世の推計によると6万〜8万人とされる。治安判事は主催者の逮捕を名目に、騎兵隊の投入を許可する。これが群衆に抜刀して斬りつける、大虐殺となってしまった。事件後、当局は急進派を徹底に弾圧するが、改革は粛々と進み、その後の民主化と自由主義へとつながっていく。

＊マンチェスター・オブザーヴァー紙＝非国教会系のマンチェスター・ガーディアン紙を経て、現在の大手紙ガーディアン紙となる。　＊ヘンリー・ハント＝議会改革と穀物法の廃止を唱えた急進改革派。生没1773年11月6日〜1835年2月15日。

No.31　　　　　　　　　　　　　　　　　　Eastbourne manslaughter

イーストボーンの悲劇
教育現場の体罰のあり方を変えた事件

発　生：1860年
場　所：イングランド、イーストボーン
出来事：教師の体罰による少年殺害事件
被害者：15歳の少年
加害者：トーマス・ホープリー

1859年10月
教師ホープリーは教育不可能と匙を投げられた少年の教育を任されていた。

少年は水頭症であったとされている。

1860年4月18日
ホープリーは少年の父親に体罰を行う許可を取りに行き、2日後に許可が下りた。縄跳びの縄やステッキを使い体罰を行った。

4月25日 検視
少年の兄が病死の診断の矛盾に気付き検視を要求する。検視の結果は、少年は病気ではなく激しく殴られたことが死因と結論付けた。

4月22日 少年死亡
朝に寝室で少年が死亡しているのが発見される。ホープリーの知人の医師が病死と診断。

使用人の証言　真夜中に少年の叫び声が聞こえ、急に静かになった。ホープリーのロウソク台に血痕が付着しているのに気付き、少年とホープリーの服を死亡宣告前に洗濯した。

▶担当弁護士のウィリアム・バレンティン

5月上旬 逮捕
ホープリーは逮捕されたが6月16日に2000ポンドの保釈金を払い釈放。

7月23日 裁判
ホープリーは極端な例を除いた体罰を非難するジョン・ロックの教育論の支持者であり、今回の体罰は必要なものだったと主張した。

◀イングランド・ウェールズ最高裁判所長官のアレグザンダー・コックバーン

服役
ミルバンク刑務所で懲役4年の刑に服した。

判決
ホープリーに殺人の有罪判決が下された。最高裁判所長官はホープリーの行為は常軌を逸しており、不適切な暴力だと示している。

▲ホープリーが収容されたミルバンク刑務所。

　イーストボーンは、イングランド南部のイーストサセックスにある海岸沿いの町。イギリス有数のリゾート地で、町の南西には有名観光地セブン・シスターズもある。1849年にはロンドンからの鉄道が開通し、海浜リゾートとして国内でも有名な町となった。

　1860年、イーストボーンにある私立の全寮制寄宿学校に通う15歳の少年が、この学校の教師による体罰で生命を失う。当時41歳だった教師トーマス・ホープリーは、教養があり高い志を持つ人物だったという。また、ホープリーの教育に関する意識は、イギリスの哲学者ジョン・ロック[*]の近代教育理論に深く根ざしたものだった。このジョン・ロックの教育理論は、最後の手段としての体罰を認めていた。死亡した状態で発見された少年は病死と診断されるが、少年の兄の要請で検視が行われると、ホープリーに殴り殺されていたことが判明。この事件は当時のメディアに大々的に取り上げられ、教育現場における体罰について、世間で議論が交わされるきっかけとなった。この事件は1世紀後に体罰が公的に禁止されるまで、裁判などで法律解釈の手引きになる実例として多く引用された。

[*]ジョン・ロック＝イギリスの哲学者、政治哲学者。自由主義的な政治思想は、アメリカ独立宣言やフランス人権宣言に影響を与えた。生没1632年8月29日～1704年10月28日。

No.32　　　　　　　　　　　　　　　　　　　　　　Massacre of Glencoe

グレンコーの虐殺
未開の地で起こった村人虐殺事件

発　生：1692年2月13日
場　所：スコットランド、グレンコー
出来事：イングランド政府内強硬派と、スコットランド内親イングランド勢力による虐殺事件
被害者：グレンコーの住民38人
加害者：キャンベル氏族の手勢120人

▲スコットランドで最も美しい渓谷といわれるグレンコーは、「嘆きの谷」を意味する。

　ハイランド地方にあるグレンコーの谷で起きた村人の虐殺事件の背景は複雑で、スコットランド内での氏族間対立とイングランドの対スコットランド強硬派が関係している。1688年から翌年にかけて、イングランドのステュアート朝が倒れるクーデターが起きる。これが名誉革命で、ジェームズ2世が追放され、ジェームズ2世の娘メアリー2世と夫でオランダ総督のウィリアム3世がイングランド王として即位した。ステュアート朝はスコットランド系で、名誉革命によってイングランドにおけるカトリックの再興はついえた。
　カトリック教徒が多いスコットランドの氏族は、新王ウィリアム3世に忠

＊ステュアート朝＝スコットランド起源で、期間は1371～1714年。1603年以後、スコットランド国王がイングランド国王を兼ねる同君連合となり、1707年にはグレートブリテン王国が成立する。1714年、アン王女が死去して王朝は断絶。

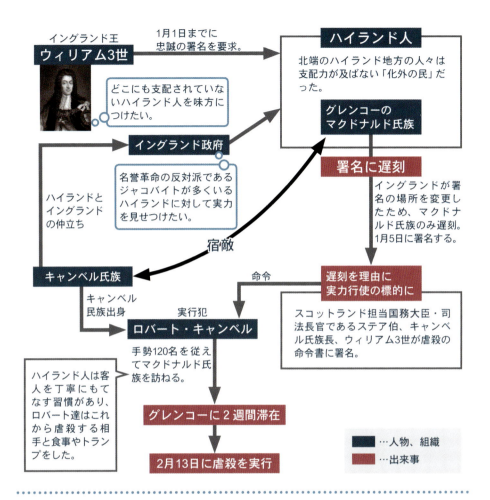

誠への宣誓、署名を要求される。拒否すれば、何をされるかわからない。

　スコットランドには、マクドナルドとキャンベルの二大有力氏族がいたが、両者は対立していた。グレンコーのマクドナルド氏族はこの宣誓の地を間違え、期日後の1月5日に署名した。これをスコットランド国務大臣の任にあったキャンベル氏族が反逆の意思ありと受け取った。イングランドの革命支持強硬派もこれに便乗。ロバート・キャンベル大尉をグレンコーに派遣し、1692年2月12日、70歳未満の反徒たちすべてを殺害するよう命じた。そして、氏族の長と子供を含む38人が惨殺された。

　この事件は各国から批判され、新しいイングランドの王権に傷がついた。

＊間違え＝マクドナルド氏族は宣誓、署名に反対ではなく、直前に場所を変更するなど、遅れるよう仕向けられたとされる。
＊ロバート・キャンベル大尉＝キャンベル氏族。賓客として2週間にわたり歓待を受け、その後に虐殺行為を行った。

No.33　　　　　　　　　　　　　　　　　　　　　　　　　　Bloody Sunday

血の日曜日事件
アイルランド独立運動で起きた惨劇

ダブリン

発　生：1920年11月21日
場　所：アイルランド、ダブリン
出来事：1日でギャングの暗殺、民衆への発砲、兵士による捕虜虐待が起きた事件
被害者：イギリス人14人、アイルランド人市民14人、アイルランド共和軍捕虜3人
加害者：アイルランド共和軍、イギリス軍

午前
第一の事件

7人のカイロ・ギャングが死亡
1人のイギリス軍将校が死亡
2人のオーグジリアリー隊員が死亡
他3人が死亡
1人のアイルランド共和軍が捕虜になるが、すぐに脱走している

事件の詳細
犯人：アイルランド共和軍
場所：ダブリン中心部
時間：早朝
攻撃手段：暗殺
武器：リボルバー、自動拳銃
死亡者：13人
負傷者：6人

午後
第二の事件

フットボール選手含む7人がその場で死亡
5人が重症、のちに死亡
2人のオーグジリアリー隊員が死亡
2人が群集の下敷きになり死亡

事件の詳細
犯人：王立アイルランド警察隊
場所：クロークパーク
時間：15時25分
攻撃手段：無差別発砲
武器：ライフル、リボルバー
死亡者：14人
負傷者：60～70人

夕方
第三の事件

捕虜になっていたアイルランド共和軍高級将校3人が拷問されたのち射殺される

事件の詳細
犯人：イギリス軍兵士
場所：ダブリン城
時間：夕方
殺害方法：射殺
死亡者：3人

＊マイケル・コリンズ＝アイルランドの政治、軍事指導者。アイルランド独立運動を指揮。生没1890年10月16日～1922年8月22日。　＊カイロ・ギャング＝アイルランド独立戦争の主要メンバーに対する諜報活動を行うイギリスの諜報グループ。

▲カイロ・ギャングのメンバー。

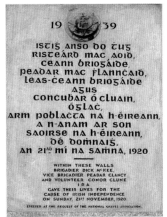
▲ダブリン城で殺害された高級将校3人を讃える記念碑。

　1920年にアイルランドのダブリンで起きた事件。1801年にアイルランド王国がグレートブリテン王国と合併してから徐々に高まっていたアイルランド民族主義は、19世紀末にはアイルランドの独立を要求するまでになっていた。1916年にイースター蜂起と呼ばれる武装蜂起が決行されるが、失敗に終わる。この蜂起の中心人物であったマイケル・コリンズは1919年にアイルランド議会の財務大臣に就任すると同時に、秘密裏にアイルランド共和軍（IRA）の情報部長にも就任していた。コリンズはイギリス政府の要人暗殺を担う特殊部隊「十二使徒」を組織し、1920年11月にイギリスのスパイ組織カイロ・ギャングを壊滅させるための暗殺指令を出す。1920年11月21日の早朝、IRAにより作戦は決行され13人を殺害、6人が負傷。その日の午後、イギリスの治安部隊がフットボール・グランドであるクローク・パークで観衆に発砲。市民は恐慌状態に陥り、14人の死者が出た。この悲惨な血の日曜日事件は、ダブリン城に収監されていたディック・マッキーら3人のIRA高級将校の拷問と殺害で幕を閉じた。

　事件はアイルランド人に反イギリスの感情を高め、民衆の殺害はイギリス政府の信用を世界的に失墜させた。カイロ・ギャングはほぼ壊滅し、アイルランド独立運動は勢いづく。1921年12月、イギリスとアイルランド間で休戦協定が締結。アイルランド自由国が成立し、形式的に独立戦争は終結した。

＊血の日曜日＝日曜日に発生した流血を伴う事件や事態を示す際によく用いられる名称。代表的なものに1905年、ロシアのサンクトペテルブルクで起きた発砲事件がある。

No.34　　　　　　　　　　　　　　　　　　　　　　　　War of Jenkins' Ear

ジェンキンスの耳の戦争

欧州中を戦乱に巻き込んでいく、大戦争の序章

発　生：1739～1748年
場　所：カリブ海、フロリダ、ジョージア
出来事：グレートブリテン王国とスペインの海上権争覇の戦争

▲レベッカ号のロバート・ジェンキンス船長が拿捕された際の様子を描いた石版画。

　1721年、第一大蔵卿に就任したロバート・ウォルポールは、重商主義の観点から戦争は貿易の邪魔と考え、平和外交を推し進める。この政策は1748年まで続き、イギリスが商業国家として世界に飛躍する土台を築いた。
　しかし1739年にジェンキンスの耳の戦争が起こる。スペインは当時ジブラルタルを奪還するため、1726年頃からオーストリアと組み、同地域を包

＊ロバート・ウォルポール＝イギリスの貴族、政治家。1701年に庶民院議員に当選。生没1676年8月26日～1745年3月18日。
＊ジブラルタル＝イベリア半島の南東端の半島。対岸はアフリカ。イギリスの海外領土。

▲カリブ海方面のイギリス、スペイン、フランスの各勢力。カリブ海の覇権をめぐる戦いだった。

囲する行動に出ていた。これに対抗するため、ウォルポールはスペイン領西インド諸島に艦隊を派遣するが、戦闘は避けるよう厳命していた。ゆえにイギリスとスペインは対立しているが、戦争はしていない状況にあった。

そんな不安定な国際情勢下で、イギリス南海会社は、スペイン領西インド諸島と限定的な交易をするだけでなく貿易の利潤をスペインに申告せず、密貿易もしていた。これに業を煮やしたスペインは商船を拿捕し積荷を没収する。そして1738年、レベッカ号船長ロバート・ジェンキンスは、拿捕された際に耳を切り落とされたと主張し、その耳を庶民院に提出。スペインへの反感から、イギリスでは報復を唱える世論が高まった。その結果1739年10月、世論に押される形でイギリスはスペインに宣戦布告。翌1740年にオーストリア継承戦争が勃発すると、戦火は全欧州に広がっていった。

＊オーストリア継承戦争＝神聖ローマ皇帝位とオーストリア大公国（ハプスブルク帝国）の継承問題に端を発した欧州全体を巻き込んだ戦争。カナダやインドでも戦闘が行われた。

No.35

Action at Cherbourg

シェルブールの海戦

イギリスが圧勝した海戦

発　生：1692年6月1日〜6月2日
場　所：フランス、シェルブール
出来事：イングランドとフランスの間で発生した海戦
被　害：フランスの全艦喪失
結　果：イングランドの勝利

▲フランスの旗艦ソレイユ・ロワイヤルの撃沈。

　フランスのルイ14世は1643年に即位して以来、領土の拡大に熱中していた。太陽王とも呼ばれ、フランス・ブルボン朝の最盛期にあって当時のヨーロッパ最強の軍隊を持っていた。この軍事力を背景にフランスがスペイン領ネーデルラントへの侵略を開始すると、ドイツ、スペイン、オランダなどがアウクスブルク同盟を結成する。1689年、イングランド王ウィリアム3世率いるイングランドもこの同盟に参加し、フランスに対抗する大同盟が結成された。

＊バルフルール岬＝ユトランド半島の北東端。北にはイギリス海峡がある。
＊トゥールヴィル伯＝トゥールヴィル伯アンヌ・イラリオン・ド・コタンタン提督。生没1642〜1701年5月23日。

▲左からトーマス・フィリップス、ジョン・ベンボウ、ラルフ・デラバルの肖像。

　このフランス対大同盟軍の一連の戦いが大同盟戦争であり、シェルブールの海戦はこのときバルフルール岬とラ・オーグで起きた海戦の1つである。

　イングランド侵攻を企てていたルイ14世は、1692年にトゥールヴィル伯が指揮する戦列艦44隻を集結させ、フランス北西部のバルフルール岬へと送った。待ち構えていたイギリス・オランダ連合艦隊は82隻で、双方の艦隊は激しく戦い、双方とも大きな損害を受けていた。日中続いていた激しい砲撃戦も日が落ち霧が濃くなると中止され、フランス艦隊は西への逃走を開始。戦列艦ソレイユ・ロワイヤル、アドミラブル、トリオンファンは安全な泊地を目指してシェルブールへと向かう。しかし、いかりを持たない大型戦列艦はシェルブールで座礁してしまう。これを好機と見たイギリスのエドワード・ラッセル提督は、部下のラルフ・デラバルに襲撃を命じた。フランス側も必死に応戦したが、抵抗むなしく全滅してしまう。デラバルは損害をほとんど出さずに勝利し、この海戦はイギリスの圧倒的勝利に終わった。

＊戦列艦＝17～19世紀のヨーロッパで使用された軍艦。単縦陣の戦列で砲戦を行う。
＊エドワード・ラッセル提督＝初代オーフォード伯爵。イギリスの海軍軍人。生没1653～1727年11月26日。

No.36

Declaration of Arbroath

アーブロース宣言

王権の制限を明記した画期的な文書

発　生：1320年
場　所：スコットランド、アーブロース
出来事：スコットランド王国の独立宣言

▲アーブロース寺院は1178年に建てられた。現在は遺跡として保存されている。

　アーブロース宣言は、中世において王権の制限と人民の権利を明文化したスコットランドの独立宣言で、数百年を経て、アメリカ独立宣言の起草にも影響を与えたとされる。
　スコットランド王国が成立したのは9世紀中頃で、最初の国王はケネス1世*とされる。11世紀、イングランド王国がウィリアム征服王の時代になるとスコットランド王国への侵攻が始まる。以後、戦争と講和を繰り返し、政

＊ケネス1世＝アイルランドから渡ってきたスコット人がスコットランド西部に建国したダルリアダ王国の王位を839年か841年に継承した。ヴァイキングや先住民を征服しアルバ王国を建国。事実上最初のスコットランド王。生没810〜858年2月13日。

78

▲アーブロース宣言の複製。ローマ教皇宛てのオリジナルは失われたが、スコットランドに残されたコピーはイギリス国立公文書館に保存されている。

略結婚の意味が濃いが、両国王家の婚姻関係も築かれていく。

13世紀にはスコットランド独立戦争が始まり、14世紀まで続く。

1314年6月24日、イングランド王エドワード2世の軍は、スターリング近郊のバノックバーンにおいて、スコットランド王ロバート1世の軍と戦い大敗する。そして1320年、スコットランド王国は、イングランド王国から独立したことを宣する書簡（アーブロース宣言）を、ローマ教皇ヨハネス22世に送った。

アーブロース宣言には、スコットランドは独立国であり、国王はロバート1世であること。また、独立と自由に脅威が及ぶ場合、団結して排除することが明記されている。国王は臣民の支持を必要とし、イングランドに従属しようとする国王はアーブロース宣言によって排されるとした。国王の統治権が正統化され、同時に王権に制限が加えられた。この宣言を王が順守する限り、王は封建的支配権を国内において行使でき、貴族も王の支配を受け入れた。

ロバート1世は、スコットランド独立戦争においてイングランド寄りの聖職者を攻撃し、これが理由でローマ教皇から破門されていた。破門が解除されない限り、スコットランドが国として他国から認められることはなかった。そのため、アーブロース宣言には、ロバート1世（即位前はロバート・ドゥ・ブルース）の破門を解除してもらう狙いもあった。

この宣言によりスコットランドは、独立、王権の正当性、国王の破門解除を得てキリスト教世界に復帰した。

＊ヨハネス22世＝ローマ教皇の座がローマからフランスのアヴィニョンに移されていたアヴィニョン捕囚（1309～1377年）期の最初の教皇。魔女を異端とした。在位1316～1334年。生没1244年頃～1334年12月4日。

No.37

Battle of Armada, Armada Wars

アルマダの海戦

スペイン無敵艦隊を破るが、海洋覇権は握れなかった

発　生：1588年7月～8月
場　所：イギリス海峡、プリマス沖、ポートランド沖、ワイト島沖、グラヴリンヌ沖
出来事：英西戦争（1585～1604年）において、スペイン艦隊をイングランド艦隊が撃破
結　果：イングランド、ネーデルラント連邦共和国の勝利

▲ドイツ系イギリス人の画家フィリップ・ジェイムズ・ド・ラウザーバーグによる「無敵艦隊の敗北」。

　16世紀半ば、イングランドとスペインは緊張関係にあった。原因はイングランド国教会とカトリックの対立、ネーデルラント問題、イングランド私掠船によるスペイン商船への海賊行為、スペイン植民地での略奪などであった。
　1588年5月、スペイン無敵艦隊130隻は、アロンソ・ペレス・デ・グスマン＊総司令官に指揮され、リスボンを発つ。7月末から8月初めにかけて、イギリス海峡で数々の海戦を行うが、スペイン領ネーデルラントのグラヴリンヌ沖

＊アロンソ・ペレス・デ・グスマン＝第7代メディナ＝シドニア公。1588年2月24日より無敵艦隊総司令官。海戦の経験はなく、スペイン軍がイングランドへの上陸を企図していたので任命された。任命を辞退したが却下される。生没1550～1615年。

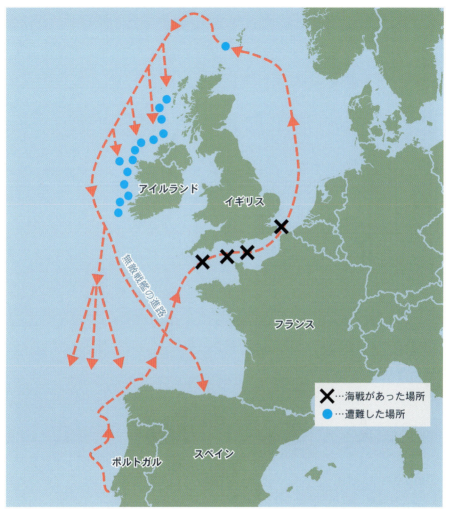

▲スペイン無敵艦隊の航路。英仏海峡での海戦後、スコットランド西岸で多くが遭難した。

海戦でイングランド艦隊に敗北し、北海方面に逃れる。そして、グレートブリテン島とアイルランド島を大きく回り、母国への帰還を目指した。だが、悪天候によってスペイン艦は次々と遭難。帰還したのは、約半分の67隻だった。死者は2万に達したが、スペインは艦隊を再建し、イングランドは反攻に失敗。戦争の主導権を失い、1604年にスペイン有利で戦争は終結する。イギリスが海洋覇権国家となるには、18世紀末まで待たなくてはならなかった。

＊グラヴリンヌ沖海戦＝グラヴリンヌはネーデルラント、フランドルの町で、当時はイングランドに最も近いスペイン領だった。スペイン艦隊はこの沖で体勢を立て直そうとするが、距離をとったイギリス艦隊の砲撃によって9〜11隻を喪失した。

No.38　ウィリアム3世暗殺未遂事件

ジャコバイトによる国王暗殺計画

Jacobite assassination plot 1696

発　生：1696年
場　所：イングランド、ロンドン、キュー
出来事：ジャコバイトによるウィリアム3世暗殺未遂事件
被害者：ウィリアム3世
加害者：ジョージ・バークレー

ロンドン

▲ウィリアム3世

▲暗殺が未遂に終わったことを報じる当時の新聞。

　＊ジェームズ2世は、1642年の内乱から始まる清教徒革命で処刑されたチャールズ1世の息子で、1660年の王政復古で即位したチャールズ2世の弟であった。1685年に即位するが、カトリックを信仰していた。それゆえイングランド国教会を支持する議会との政教面での対立は深刻で、さらにこれに拍車を掛けたのが、1688年にジェームズ2世の後継者となる男児（ジェームズ3世）

＊ジェームズ2世＝イングランド最後のカトリックの王。生没1633年10月14日〜1701年9月16日。
＊清教徒革命＝17世紀にイングランド、スコットランド、アイルランドの3国で起きた内戦。

▲18世紀に建設されたキューブリッジ。

の誕生だった。議会はこれを、カトリック復権が本格化するきっかけにしてはいけないと躍起になる。その決着として議会が下したのは生後5ヶ月のジェームズ3世を国外追放(フランスへ母と共に亡命)にしてしまうことであった。この流血を伴わなかった王の交代は後に名誉革命と呼ばれ、1689年からウィリアム3世とメアリー2世の共同統治が始まる。

しかし、スコットランドを中心に、ジェームズ2世とその子孫こそ正当な君主であり、スチュアート朝の復古を望んだジャコバイトと呼ばれる勢力が存在していた。ジャコバイトはジェームズ派の意味で、ジェームズのラテン語読みに由来している。ジャコバイトはフランス国王ルイ14世の支持を受け、1696年にウィリアム3世の暗殺を試みる。

ジェームズ2世の婚外子、ベリック公とジョージ・バークレーはフランスからイングランドに渡り、軍隊を率いて大規模な侵攻を計画していた。だが、バークレーはこの計画の成功が低いと考え、ウィリアム3世の暗殺に切り替えた。ウィリアム3世がリッチモンドパークでの狩猟からケンジントンに戻る際に、テムズ川からキューで船に乗って移動する習慣を利用し、そこを奇襲しようと考えた。40人の刺客による国王暗殺計画は着々と進められ、1696年2月15日か22日に決行される手筈になっていた。しかし、初代ポートランド伯ウィリアム・ベンティンクに密告があったことから、王の狩猟は延期される。こうして暗殺計画は失敗に終わり、密告者からの情報によってこの計画に関わった人物が逮捕され、後にその多くが処刑された。

＊ジェームズ3世＝ジェームズ・フランシス・エドワード・ステュアート。カトリック信徒の父ジェームズ2世と議会との対立から、生後5カ月で母とフランスに亡命。父もウィリアム3世に廃位され同地に亡命する。生没1688年6月10日〜1766年1月1日。

No.39　　　　　　　　　　　　　　　　　　　　　　Battle of Solebay

ソールベイの海戦

第3次英蘭戦争における最初の海戦

発　生：1672年6月7日
場　所：イングランド、ソールベイ
出来事：ネーデルラント連邦共和国とイングランド・フランスの海戦
結　果：勝者ははっきりしていないが、ネーデルラント側の正当性があるとされている

▲ウィレム・ヴァン・デ・ヴェルデが描いたソールベイの戦いの様子。

　1568〜1648年にかけてネーデルラントがスペインに対して反乱を起こした八十年戦争の結果、オランダが誕生した。この戦いでイギリスはオランダの援助を行ったが、17世紀初頭にはオランダもヨーロッパの中継貿易で利益を上げるようになっていた。また、東南アジアや新大陸に進出し、オランダ東インド会社の利益がイギリス東インド会社を上回るようになると、イギリスと対立するようになる。
　1623年にモルッカ諸島[*]のアンボイナ島で、イングランド商館員全員が殺されるというアンボイナ事件が起こる。この事件を契機にイギリスの香辛料貿易が頓挫すると、イギリスの貿易商からオランダの勢力を抑えるようにと議会に要望が出された。1651年、クロムウェルによって制定された航海法をきっかけに、両国の関係は悪化し英蘭戦争が始まった。

＊モルッカ諸島＝ニューギニア島の西、スラウェシ島の東、ティモール島の北付近にあるインドネシアの島々。古代ローマ帝国の時代からヨーロッパと香辛料の取り引きをしていた。香辛料目当てに、中国、イスラム、ヨーロッパが覇権を競った。

イングランド・フランスの指導者・指揮官

▲ヨーク公ジェームズ

▲エドワード・モンタギュー

▲ジャン・デストレ

ネーデルラント共和国の指導者・指揮官

▲ミヒール・デ・ロイテル

▲ウィレム・ジョセフ・ファン・ゲント

▲アドリアン・バンケルト

　ソールベイの海戦は、この第3次英蘭戦争で最初に行われた戦いである。当時のイングランド王チャールズ2世は、フランスが始めていた仏蘭戦争でフランス側に協力する形で1672年に第3次英蘭戦争を開始。イングランドはヨーク公ジェームズと初代サンドウィッチ伯爵エドワード・モンタギューが艦隊を指揮し、ジャン・デストレ率いるフランスとの連合艦隊を組織してオランダ上陸作戦の準備を始める。しかし、ミヒール・デ・ロイテル、アドリアン・バンケルト、ウィレム・ファン・ゲント提督が率いるネーデルラント艦隊に停泊中に奇襲を受けてしまう。風上から一気に攻撃を仕掛けられた英仏連合艦隊は分断され、激しい攻撃を受けたイングランド艦隊は必死に応戦するが被害は拡大し、戦闘は日没とともに終了した。この戦いでサンドウィッチ伯爵は戦死し、ヨーク公は艦隊の指揮を辞任することになった。

＊ソールベイの海戦＝両軍とも被害が大きかったため戦争の勝者ははっきりとせず、双方が勝利を宣言。上陸作戦を阻止したオランダ側が勝利したとの判断がある。

No.40　Bedchamber Crisis

寝室女官事件

女王の不満で起こらなかった政権交代

年　月：1839年5月
場　所：イングランド、ロンドン
出来事：宮中の人事をめぐる対立

1837年にウィリアム4世が崩御し、ヴィクトリアは18歳にして女王に即位した。首相であるメルバーン子爵はヴィクトリアの様々な問題の相談に乗っていた。

ヴィクトリア女王

①辞表を提出　辞表にショックを受ける

ホイッグ党政権期の首相を務めていたメルバーン子爵は女王から深く信頼されていた。1839年4月に可決された法案が僅差だったため、庶民院から支持を得られないと考えていた。

メルバーン子爵
ウィリアム・ラム

　ヴィクトリア女王は1837年、ハノーヴァー朝第6代女王として即位した。後に世界各国を植民地化し、イギリスの絶頂期を治めていた彼女の治世はヴィクトリア朝とも呼ばれている。大英帝国の象徴とも称されるヴィクトリア女王だが、王位に就いたのはわずか18歳の時だった。

　当時の首相は第2代メルバーン子爵ウィリアム・ラムで、ホイッグ党政権*の首相を2度務めていた。まだ若く政治的経験に乏しいヴィクトリアは、メルバーン子爵を頼り様々な進言を受けていた。女王のアドバイザーとしての役割を担っていたメルバーン子爵だが、1839年に議会に提出した英領ジャマイカの奴隷制度廃止法案は庶民院を通過したものの、票差5票という僅差。この結果から自身の政治的求心力の低下を悟ると、5月7日にバッキンガム宮殿に参内して辞表を提出した。この時、女王は泣き崩れたという。

*ホイッグ党＝後年の自由党から自由民主党に至る前身の政党。自由党は第二次世界大戦前は保守党と並ぶ大政党だったが、戦後は庶民院第3位政党となる。自由民主党はデービッド・キャメロン内閣において保守党と連立し、政権入りする。

④組閣の大命を下す

⑤ホイッグ党の政治家の夫人たちで構成されている宮中の人事異動を要求

⑥人事異動に反発、拒否

⑦人事異動が認められないなら拝辞する意思を伝える

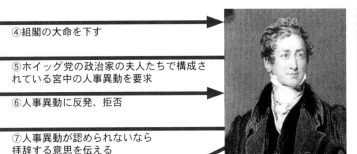

**準男爵
ロバート・ピール**

ピールは保守党の党首を務めていた。新女王即位に伴う解散総選挙で他の政党が議席を減らし、ホイッグ党と保守党が議席を伸ばしたことで、メルバーン子爵内閣倒閣を目指した。

⑧首相復帰を求め、メルバーン子爵も復帰を約束

③庶民院への影響力の無さと高齢を理由に拝辞。代わりにピールを推挙

②後任の首相に推挙

**ウェリントン公爵
アーサー・ウェルズリー**

ナポレオンを打ち破った軍人として知られるウェリントン公爵は、保守党の政治家でもあった。ジョージ4世、ウィリアム4世の治世中に2度に渡って首相を務めている。

　後任として*保守党貴族院院内総務を務める初代ウェリントン伯アーサー・ウェルズリーが推挙されたが、高齢であることと*庶民院への影響力の低さから辞退。代わって組閣の命を受けたのが保守党庶民院のロバート・ピール準男爵だった。女王は、継続して野党議員となるメルバーン子爵への諮問を希望していた。この希望をピールに伝えると、彼は即答しなかった。この一件で女王はピールに嫌悪感を抱く。翌日、ピールはホイッグ党議員の妻で構成されている宮中の女官を保守党議員の妻に変えることを提言するが、女王が強く反発。こうして勃発した宮中人事をめぐる政治闘争が、寝室女官事件だ。ピールはこの人事案が通らなければ辞退する意思を伝えた。ピールは5月12日にメルバーン子爵に首相復帰を求める書簡を送り、メルバーン子爵もこれに同意。保守党への政権交代はなくなり、現政権の継続が決まった。

*保守党＝前身のトーリー党は国会内部から生まれた名望家政党だが、1830年代から40年代にロバート・ピールが保守党として近代化した。　*庶民院＝イギリスの議会は両院制で、貴族院（上院）と庶民院（下院）で構成される。

No.41

Popish Plot

カトリック陰謀事件

陰謀の捏造から起きた集団ヒステリー

発　生：1678〜1681年
場　所：ロンドン、イングランド全土
出来事：カトリック教徒への陰謀の捏造、それに伴う集団ヒステリー
被害者：無実のカトリック信者約30名
容疑者：タイタス・オーツ、イズレイエル・トング、ダンビー伯、
　　　　エドマンド・バリー・ゴドフリー、エドワード・コールマン、シャフツベリ伯

> イエズス会は、審査法によって公職からはじき出されている長老派と手を組み、プロテスタントの国王チャールズ2世を暗殺する計画を立てている。彼らの狙いは、カトリックの王弟ジェームズを王位につけ、プロテスタントを皆殺しにすることにある。この計画を支援するためにルイ14世が軍隊を派遣する手筈になっている。

▲タイタス・オーツとイズレイエル・トングがでっち上げた話の内容。

　カトリック陰謀事件は、カトリック教徒による国家転覆の陰謀が捏造された事件と、これに伴う国全体を巻き込んだ集団ヒステリー的社会現象のこと。

　清教徒革命以後の王政復古で1660年にイングランド王に即位したチャールズ2世[*]の治世下、国内には反カトリック感情が強く残っていた。

　1678年、タイタス・オーツは王政復古後にイングランド国教会で職を得ていたが偽証罪で追放されると、ロンドンに逃げた。その後、イエズス会士になるべくフランスのサントメールや、スペインのバリャドリッドで学ぶが、イエズス会にも見放される。オーツはイエズス会への敵意を抱きながら、再びロンドンへと舞い戻る。帰国後、国教会の聖職者で旧友のイズレイエル・

---

*チャールズ2世＝チャールズ1世とフランス王アンリ4世の娘ヘンリエッタ・マリアの子。1646年に母とフランスに亡命。フランス王ルイ14世は母方の従弟。イングランド王でオランダ総督のウィリアム3世は甥。生没1630年5月29日〜1685年2月6日。

▲5人のイエズス会の絞首刑の執行。

▲晒しものにされるタイタス・オーツ。市民の投石を受けたが、死刑にはならなかった。

トングとの友情を復活させると、イエズス会がイングランド内戦を引き起こし、チャールズ2世の暗殺計画を練っているという事実無根の文書を作成した。これをトングが国王に上申したが、王不在のため代わりに話を聞いたダンビー伯は荒唐無稽だと一蹴する。オーツは諦めず、国教会治安判事のエドマンド・ゴドフリーに接触するが、同様の反応をされたという。

だが、ゴドフリーが変死すると事態は一変。犯人不明の状況で、陰謀露見を恐れたカトリック教徒が殺したのではないかと噂された。さらにカトリック教徒でヨーク公妃秘書のコールマンがフランスのイエズス会と手紙のやり取りをしていたことが露見し、反カトリック感情が一気に噴出。この2つの出来事によりオーツの話は事実と信じられ、ゴドフリー殺人容疑にかけられた無実のカトリック教徒が30余名も処刑される事態となる。2年後の1681年秋、社会は落ち着き、オーツの主張は信憑性を失う。そして、偽証の容疑で裁判にかけられるとすべて捏造だったことが明らかになり、有罪となった。

＊イエズス会＝カトリックの修道会。1534年8月15日にフランシスコ・ザビエルなどによって創設。1540年に第220代ローマ教皇パウルス3世により認可された。イエズス会はプロテスタントに対抗して創設された、とされることがある。

No.42　　　　　　　　　　　　　　　　　　　　　Cleveland Street scandal

クリーヴランド・ストリート・スキャンダル

貴族が出入りしていた男娼館が摘発

発　生：1889年
場　所：イングランド、ロンドン、フィッツロヴィアのクリーヴランド通り
出来事：同性愛男性を顧客とする売春宿が警察に摘発された

▲探偵捜査に優れたロンドン警視庁の警部のフレデリック・アバーライン。男娼館の摘発を行った。

▲男娼館の客として名前が挙がったウェールズ公の厩舎の責任者であるアーサー・サマセット。ハモンドに逃亡資金を渡していた。

▲男娼館に客として訪れていたことを記者のアーネスト・パークに新聞に書かれ、名誉毀損で訴えたヘンリー・フィッツロイ。

　＊イギリスにおける男性間の同性愛が犯罪と見なされるようになったのは、1885年に制定された刑法改正法の成立からとされている。刑法改正法は、19世紀後半のイギリスで起きた「社会純潔運動」という社会運動の結果成立した。刑法改正法の主な目的は、当時大きな社会問題となっていた少女を対象とする売買春の取り締まりを強化するためであったが、その第11条に「ラブーシェル修正条項」という条文があった。この条文には、男性間の親密な関係を示唆するあらゆる行為が、公的なものであっても私的なものであっても関係なく著しく猥褻な行為であり、軽犯罪として取り締まることが規定されていた。当初は少年少女を守る法としての機能を果たしていた刑法改正法

＊イギリスにおける男性間の同性愛＝イングランド王ヘンリー8世の時代、1533年に重大犯罪とされ、1861年までは死刑もあった。合法となるのは、イングランドとウェールズが1967年、スコットランドは1980年、北アイルランドは1982年。

▲激しい同性愛者嫌いで、事件の捜査を政府が阻害し、スキャンダルのもみ消しを図ったと糾弾したヘンリー・ラブーシェル。

▲男娼館の客だったと噂が立ったアルバート・ヴィクター王子。証拠はなかったが、その噂はしばらく消えることがなかった。

だったが、時が経つにつれ男性の同性愛者を取り締まる法となっていった。

　そんな中、1889年にロンドンのクリーヴランド・ストリートで事件が起きた。15歳の電報配達の少年が不相応な大金を持っていたため、窃盗に携わっているのではないかと疑った警官が尋問したところ、クリーヴランド・ストリートのチャールズ・ハモンドの元で男娼として働いていることが発覚する。そこで尋問したルーク・ハンクスは上司に報告し、この一件はロンドン警視庁の警部で洞察力に優れたフレデリック・アバーラインに任された。

　アバーラインは刑法修正法第11条を携えて男娼館に向かったが、ハモンドは既に逃亡していた。このとき、逮捕された少年に尋問したところ、ウェールズ公の厩舎責任者であるアーサー・サマセット卿とユーストン伯爵ヘンリー・フィッツロイの名が挙がった。事件に貴族階級の関わりがあることを知った警察は、捜査を躊躇するようになる。その後、ユーストン伯爵は無実だったことが証明されたが、最終的にハモンドは逮捕を逃れ、サマセット卿は南フランスに逃げてしまった。顧客の中にはウェールズ公の長男アルバート・ヴィクターもいたという噂が流れていたが、警察は終始王子の名をひた隠しにしていた。これを政府によるスキャンダルのもみ消しだと政治家のヘンリー・ラブーシェルが糾弾したが、ろくに取り合われることはなかった。

＊クリーヴランド・ストリート＝ロンドンの中心部にある。ランドマークとしては、通信塔のBTタワーがある。　＊アルバート・ヴィクター＝一時期、切り裂きジャック事件の犯人と疑われていたことがある。生没1864年1月8日〜1892年1月14日。

No.43　　　　　　　　　　　　　　　　　　　　　Raid on the Medway

メドウェイ川襲撃

第2次英蘭戦争終結へとつながる戦い

発　生：1667年6月9日〜1667年6月14日
場　所：イングランド、チャタム付近
出来事：ネーデルラント連邦共和国がイングランド王国に対して急襲を仕掛けた
被害者：軍艦13隻消失、ユナイティとロイヤル・チャールズが鹵獲（ろかく）される
結　果：ネーデルラント連邦共和国の勝利

▲オランダ艦隊（左）の襲撃を受ける2隻のイングランド艦隊（右）。

　第2次英蘭戦争は、植民地の独占と拡充を目指していたチャールズ2世が、1664年に新大陸のオランダ植民地ニューアムステルダムを占領してニューヨークと改称したことを発端に、1665〜67年にかけて行われた。第1次英蘭戦争と同様にイングランドはオランダ商船の拿捕やオランダ諸港の封鎖を行おうとしていたが、1665年にロンドンでペストが大流行し、翌年にはロ

＊ペスト＝ペスト菌による感染症。別名は黒死病。1665年にロンドンで流行し、約7万人が死亡。ロンドンでは大学が閉鎖され、ケンブリッジ大学を卒業した直後のアイザック・ニュートンが故郷に疎開している。

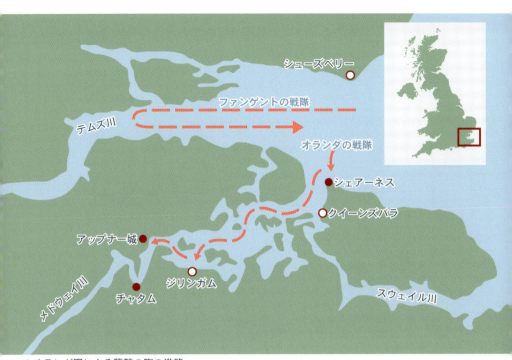

▲オランダ軍による襲撃の際の進路。

ンドン大火が起きてしまったため、イングランドは財政難に陥っていた。

　これを好機と見たオランダは1667年、まずウィレム・ヨゼフ・ファン・ゲント率いる戦隊をテムズ川近くに送った。イングランド側の抵抗がなかったため、改めて海軍提督ミヒール・デ・ロイテルと監督役コルネリス・デ・ウィットの艦隊をテムズ川河口に侵入させる。

　ここでやっとチャールズ2世は＊メドウェイ川に民兵を動員させるが、防御は貧弱だった。砲撃を受けたイングランド軍はメドウェイ川に閉塞船を沈め、上流に防鎖を施すが、オランダ艦隊はこの防御ラインを軽々と突破し、チャタム周辺に停泊中のイングランド艦を焼き払った。13隻を焼失させるとイングランド艦隊総旗艦ロイヤル・チャールズを拿捕し、本国まで後ろ向きで曳航した。ゲントは戦列艦ユナイティを拿捕し、後に自らの乗艦とした。イングランドの敗北となったメドウェイ川襲撃は、喪失額約20万ポンドとなった。そして1667年7月、ブレダの和約が結ばれると戦争は終結した。

＊メドウェイ川＝テムズ川河口に流れ込む川で、ロチェスター、トンブリッジ方向に流れていく。テムズ川の南を流れており、ロンドンには向かわない。

グラウピウス山の戦い

ローマの支配に抗ったカレドニア人

Battle of Mons Graupius

発　生：83年あるいは84年
場　所：イングランド
　　　　（ブリタンニア北部）
出来事：ローマ軍とカレドニア人との戦い
損　害：カレドニア人約1万名
　　　　ローマ帝国約360名が戦死
結　果：ローマ軍の勝利

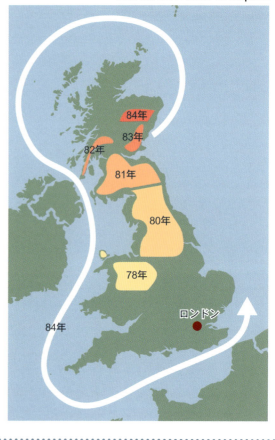

▶アグリコラによるブリタンニア征服の図。

　グレートブリテン島には紀元前5世紀頃からケルト人が居住していた。各部族の中でも特に有力だったのがブリトン人[*]で、紀元前55年と54年にガイウス・ユリウス・カエサルが小規模の侵略を行ったが征服は免れた。しかし、紀元前43年のクラウディウスによる侵略を防ぐことはできず、ローマの属州になる。ローマ人によって、現在のイングランドとスコットランドの境界付近に長城（ハドリアヌスの長城→p.116）が建設されると、この地域はブリタンニアと呼ばれるようになった。総督グナエウス・ユリウス・アグリコラの時代にはカレドニア[*]北部を除き、ほぼ全地域を支配する。そして、78年にカレドニア人を追討するべくブリタンニア北部への侵攻を開始した。
　グラウピウス山[*]付近にまで追い込まれたカレドニア人だったが、部族長カ

＊ブリトン人＝古代ローマ時代にグレートブリテン島に住んでいたケルト系民族。＊カレドニア＝グレートブリテン島北部。スコットランドに相当。＊グラウピウス山＝スコットランドのハイランド地方にあったとされる山。

▲戦いの前にカレドニア兵を鼓舞するカルガクス。

ルガクスの元に集結する。カルガクスは「女に率いられた軍ですらローマ軍を打ち破ったことがあるが、我々は訓練され、文明に毒されておらず、ローマ軍を打ち破ることは不可能ではない。世界の収奪者であるローマ軍による圧政を打破する」と自軍を鼓舞したと伝えられている。

　ローマ軍2万に対し、カレドニア軍は3万と数では上回っていたものの、戦士の妻やその子どもも含まれていたという。統制が取れたローマ軍に対して奮闘するが、ローマ軍の圧勝に終わった。グラウピウス山の戦いの勝利でブリタンニアのすべての部族を征服したとアグリコラは宣言。だが、85年にローマに召還されるとその後の侵攻は中断された。グラウピウス山の戦いについては後に歴史家のタキトゥスが書いた『アグリコラ』に記されている。

＊カルガクス＝生没年不明。カルガクスの演説や言葉は、アグリコラの娘の夫のタキトゥスの創作とする説がある。歴史書『年代記』にブリテン島侵攻に関する巻があるが現存していない。

No.45　　　　　　　　　　　　　　　　　　　Jack the Ripper

切り裂きジャック
ロンドンを震撼させた劇場型犯罪

発　生：1888年8月31日～11月9日
場　所：イングランド、ロンドン
出来事：連続猟奇的殺人事件
被害者：メアリー・アン・ニコルズ、アーニー・チャップマン、エリザベス・ストライド、キャサリン・エドウッズ、メアリー・ジェイン・ケリー
加害者：不明

▲イギリスの風刺漫画雑誌『パンチ』に掲載された切り裂きジャックの挿絵。

最初の被害者
メアリー・アン・ニコルズ
喉、腹部をナイフで切られ死亡。道端で発見される。

2番目の被害者
アニー・チャップマン
喉、腹部をナイフで切られ死亡。犯人が子宮と膀胱を持ち去っている。

3番目の被害者
エリザベス・ストライド
喉をナイフで切られ死亡。犯人が目撃された唯一の事件。

4番目の被害者
キャサリン・エドウッズ
喉、腹部をナイフで切られ死亡。犯人が左の腎臓と子宮を持ち去っている。

最後の被害者
メアリー・ジェイン・ケリー
顔や内臓を含めほぼ完全にバラバラにされ死亡。この事件のみ室内で発見される。

▲切り裂きジャックによって殺害されたと確実視されている5人の被害者。

　切り裂きジャックは、世界で最も有名な未解決事件の犯人の通称。
　1888年、突如ロンドンのイーストエンドに出没し、わずか2カ月の間に5人の売春婦の命を奪い、こつぜんと姿を消した。いまだに犯人は判明してお

＊切り裂きジャック＝Jack the Ripper。被害者5人のほかに、被害者ではないかとされる13人がいる。

▲切り裂きジャックを名乗る手紙。

らず、署名入りの犯行予告を新聞社に自ら送り付けるという、世界で初めて認知された劇場型犯罪を引き起こしたことでも知られる。

▲画家のウォルター・シッカートが1907年に描いた「切り裂きジャックの寝室」。

　1881年8月31日未明、ロンドンのホワイトチャペルを巡回していた警官が倒れている女性を発見した。喉と腹部を切り裂かれて死亡していたのはメアリー・アン・ニコルズで、第1の被害者だった。9月8日にアニー・チャップマンが死亡した状態で発見されると、9月27日にセントラル・ニューズ・エージェンシーにこの事件の犯人から手紙が届き、次の犯行をほのめかす内容が記されていた。手紙には切り裂きジャックと署名があり、以後切り裂きジャック事件と呼ばれるようになった。

　警察の必死の捜査にも関わらず、9月30日にエリザベス・ストライドとキャサリン・エドウッズが変わり果てた姿で発見され、11月9日にメアリー・ジェイン・ケリーが殺害された。犯行は主に夜間、人目につかない屋外で行われていたが、最後の被害者メアリーだけは彼女の自室が犯行現場だった。

　ロンドンを恐怖に陥れた連続猟奇的殺人は、犯人不明のまま幕を閉じた。切り裂きジャックの正体については、弁護士で教師のモンタギュー・ジョン・ドルイトや、ポーランド出身でユダヤ系理髪師のアーロン・コスミンスキーなど何人もが被疑者として名が挙がったが、真相は解明されていない。

No.46　　　　　　　　　　　　　　　　　　　　　　　　Battle of St Albans

セント・オールバンズの戦い

薔薇戦争中に起きた2回の戦闘

発　生：1455年5月22日（第1次）、1461年2月17日（第2次）
場　所：イングランド、セント・オールバンズ
出来事：ヨーク家とランカスター家の戦い
結　果：第1次はヨーク家の勝利、第2次はランカスター家の勝利

ランカスター家
プランタジネット家の分家の1つであり、赤い薔薇がシンボル。

ヨーク家
プランタジネット家の支流の1つで、白い薔薇がシンボル。

　薔薇戦争は、1455～85年まで続いた王位継承をめぐる戦い。ランカスター家とヨーク家の争いで、両家の家紋がバラのモチーフだったため、薔薇戦争と呼ばれる。セント・オールバンズにおいて、2回の戦いが行われている。

　1455年の戦いは、ランカスター家の王位継承に異議を唱えていたヨーク家がロンドン北東のセント・オールバンズで衝突した。結果はヨーク家の勝利となり、ヨーク公は再び護国卿に任命された。

　1461年2月2日、モンティマーズ・クロスの戦いにおいて、マーガレット王妃率いるランカスター派がロンドンへの進軍を開始。そしてランカスター派と、ヨーク派がぶつかったのが、セント・オールバンズだった。ランカスター派の勝利に終わったこの戦いで捕らわれていたヘンリー6世は連れ戻されたが、ロンドンへの進軍は行われなかった。

＊薔薇戦争＝フランス王とフランス系イングランド王が争った百年戦争後に勃発した、イングランド国内における内乱。1430年代以降、フランスでの戦況が不利となり、和平派（ランカスター派）と主戦派（ヨーク派）が権力闘争を繰り広げた。

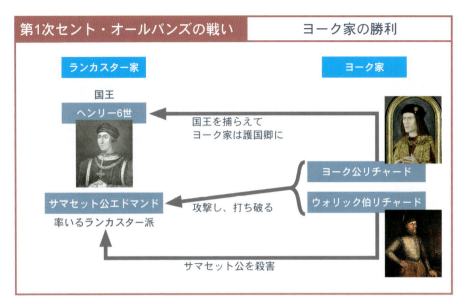
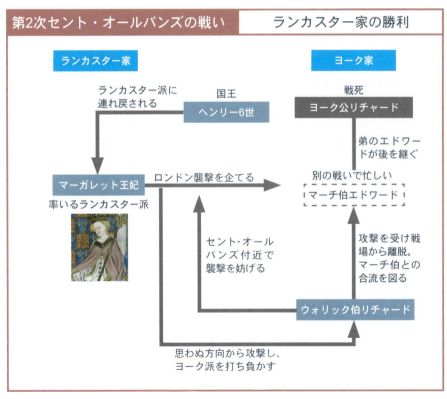

偽エチオピア皇帝事件

イギリス海軍相手に仕掛けた大掛かりな悪戯

発　生：1910年
場　所：戦艦ドレッドノート
出来事：エチオピア皇帝とその随行団として偽り戦艦に乗り込んだ事件
首謀者：ホーレス・デ・ヴェレ・コール
共犯者：ヴァージニア・スティーブン、エイドリアン・スティーブン、ダンカン・グラント
　　　　アンソニー・バクストン、ガイ・リドリー

▲偽エチオピア皇帝のメンバー。左からヴァージニア・スティーブン、ダンカン・グラント、エイドリアン・スティーブン、アンソニー・バクストン、ガイ・リドリー、ホレース・コール。

　イギリス海軍の戦艦ドレッドノートは、外務省からの要請だと海軍本部から緊急の電報を受け取った。その内容は、アビシニア（現在のエチオピア）皇帝とその一行がウェイマスに到着し、艦隊を見学するので歓待せよというものだった。しかしこの一行はまったくの偽物だった。
　首謀者はホーレス・デ・ヴェレ・コールで、ケンブリッジ大学に通う学生。

＊ドレッドノート＝イギリス海軍の最新鋭戦艦。

▲偽エチオピア皇帝のメンバーが戦艦ドレッドノートで撮影した記念写真。

コールは後にヴァージニア・ウルフとして作家デビューしたヴァージニア・スティーブンたちを引き連れてロンドンのパディントン駅に向かった。そこで外務省の要請だと嘘を吐き、ウェイマスまでのお召し列車を仕立てさせた。

　用意していた民族衣装を着て変装すると、ウェイマスで皇帝一行の到着を待っていた海軍に迎え入れられた。変装はエチオピア人に見えない粗末なものであったばかりか、ラテン語やギリシア語を元にしたでたらめな言葉を話していたが、偽物だと気付く者は誰もいなかった。

　ドレッドノートに案内されると、偽皇帝はあらゆる物を指差して「ブンガ、ブンガ！」と叫び、偽の通訳は「皇帝は実に凄い、と仰っています」といった。ロンドンに戻ったコール一行はタブロイド紙のデイリー・ミラーに事の真相と偽皇帝が写った写真を送りつけた。翌日大々的に報じられると海軍は面目を失ったが、コールらは法を犯した訳ではなかったので罪に問われることはなかった。

＊ブンガ＝エチオピア語ではなく、犯人らが考えた造語。艦内の案内が終わると、両国の国歌斉唱が行われた。海軍は誤ってザンジバル国家を演奏してしまったが、コール一行を含め誰もこの間違いに気付くことはなかった。

No.48　　　　　　　　　　　　　　　　　　　　　Edward the Martyr

エドワード殉教王暗殺

数々の奇跡を起こした信仰深い王

年　月：975～978年
場　所：イングランド、ドーセット
出来事：継母による暗殺、その後遺体をめぐって奇蹟がおこる
被害者：エドワード殉教王
加害者：継母エルフリーダ

▲聖エドワード教会は13世紀頃から何世紀もかけて改築を重ねてきた。

　エドガー王が975年に逝去すると、宮廷貴族の間で王位継承をめぐる問題が生じた。女王エルフリーダは、自分の息子エセルレッド*に王位を継がせたかった。しかし、エドガーの息子エドワード*への支持者が多く、中でもカンタベリー大司教のダンスタンがその筆頭だった。彼の努力もありエドワードの王位継承は国王御前会議議員に承認され、975年に13歳で即位する。
　エドワードは信仰心が深く、何よりも神と教会を愛し、貧しい人々には施

*エセルレッド＝エセルレッド2世。生没968～1016年4月23日。在位978～1013年、1014～1016年。デーン人に王位を奪われている。エドガー平和王と2番目か3番目の妻エルフリーダ・オブ・デヴォンの子。先王暗殺のため10歳で王位につく。

▲聖エドワード教会の北側の扉。左右にはイチイの老木が植えられている。

◀殺害される直前のエドワード殉教王。

しを行っていたという。エドワードが即位した直後、国中が深刻な凶作に襲われた。さらに父エドガーが修道院に寄進した土地を、有力貴族が奪う目的で攻撃するという事件が起こる。多くの修道院は壊され、修道士は逃げざるを得なかった。エドワードは憤慨し、ダンスタンと共に修道院擁護の立場をとったが、これが一部の貴族の間でエドワードを疎ましく思い、王位から追放しようという流れを生み出した。

978年、エドワードはドーセットのウェアハム近郊の狩猟場で狩りを楽しんでいた。狩りを終えると近くに住んでいた義理の弟エセルレッドの元を単身訪れ、馬に乗ったまま勧められたミード（ハチミツ酒）を飲んでいると、義母エルフリーダの手下がエドワードの背中に短剣を突き刺し殺害した。

エドワードの遺体は近くの小屋に隠されたが、この時、奇跡が起きる。その小屋には盲目の女性が住んでいたが、夜中に小屋が光に包まれると視力が回復したのだ。遺体はウェアハムの湿地に埋められたが、殺害から1年後に突然火柱が立ち上り隠されていた遺体が発見されたという。その後も数々の奇跡を起こしたエドワードは、1008年にカンタベリー大司教聖アルフレッジが主催した全英教会評議会で、正式に聖人に列せられた。盲目の女性が住んでいた小屋があった場所には、聖エドワード教会が建立された。

＊エドワード殉教王＝5世紀以降にイングランド南部で成立したウェセックス王国に起源を持つウェセックス朝のイングランド王。生没962年頃～978年3月18日。在位975～978年。

No.49　第1次バロン戦争

First Barons' War

ジョン王の圧政が原因の内戦

発　生：1215〜1217年
場　所：イングランド
出来事：イングランド王国における内戦

▲マグナ・カルタに署名するジョン王。

　1194年に即位したイングランド王ジョンは、フランス国内の領地をめぐってフランス王フィリップ2世と対立していた。1203年にノルマンディー、アンジューなどがフランス軍に侵攻されると、フランスの領地をほとんど失った。領地の喪失に伴う収入減に加え軍事力の強化を図ったジョンは、重税を課す。だが、諸侯や市民の不満は高まった。1214年、失地回復を図るブーヴィーヌの戦いでフィリップ2世と衝突するが敗れ、領地奪還に失敗。ジョ

＊ブーヴィーヌの戦い＝現在のフランスとベルギーの国境付近で、1214年7月27日に行われた。イングランド側は、ソールズベリー伯ウィリアム、神聖ローマ皇帝オットー4世、フランドル伯フェラン、ブローニュ伯ルノーなどを擁する連合軍だった。

▲マグナ・カルタの認証付写本。

ンは戦費調達のため臨時の課税を行うが、諸侯や庶民は徴税を拒否し、内戦になる。諸侯はジョンに従来の権利の遵守を迫り、ジョンはこれを受諾する。

　1215年6月15日、ラニーミードで行われた調印で、国王の徴税権の制限、教会の自由、都市の自由などが明記されたマグナ・カルタが制定される。

　保身のためにマグナ・カルタに調印したジョンだったが、遵守する気はなかった。すぐにローマ教皇インノケンティウス3世に取り入り、無効を宣言させると、再び圧政に転じた。憤慨した諸侯は結束し、フランスの王太子ルイ（後のルイ8世）に助けを求めたことで第1次バロン戦争が勃発した。

　1215年、ルイはロンドンに派兵。1216年、ルイ本人も上陸する。ジョンは、ロンドンを離れウィンチェスターに逃げていた。ロンドンを早々に攻略したルイはウィンチェスターも陥落させ、イングランドの半分以上を征服。

　1216年にジョンが逝去すると、戦う理由がなくなる。王党派がジョンの息子ヘンリー3世[*]を即位させ、マグナ・カルタの順守を掲げて反乱諸侯の取り込みを図った。この作戦が功を奏し王党派の勢力が徐々に回復する。1217年9月、ルイが支配していたイングランドの領地を放棄する代わりに対価を受け取るランベス条約に署名するとフランスに帰り、戦いは終結した。

[*]ヘンリー3世の即位＝ジョン（生没1167年12月24日〜1216年10月18日または19日）が逝去し、1216年に即位。ヘンリー3世（生没1207年10月1日〜1272年11月16日）は、フランス系プランタジネット朝のイングランド王。

No.50　　　　　　　　　　　　　　　　　　　　Peasants' Revolt

ワット・タイラーの乱

百年戦争が招いた大規模の農民一揆

発　生：1381年5月30日〜1381年11月
場　所：イングランド
出来事：税金の値上げ、農奴制によって起こった農民の反乱
結　果：国王の勝利
名　称：Peasants' Revolt（「農民反乱」の意）と呼ぶことが多い（「Great Rising」とも呼ばれる）

▲ワット・タイラーの反乱軍と会見するリチャード2世（中央）。

　1337年から始まったフランスとイングランドによる百年戦争※は長期化し、イングランドは財政難に陥る。そこで戦費に充てるため、12歳以上のすべての国民に人頭税を課すことを決め、徴税の強化を行った。また、ペストの流行による労働力不足に苦しんだ領主が、農民の自由な移動を奪う農奴制を強化した。これに対して、富裕な農民から貧農に至るまで不満が高まり、農民一揆として反乱が始まった。

＊百年戦争＝フランス王国の王位継承、イングランド王家がフランスに持つ領土をめぐり、フランスの王家とイングランドの王家が争い、フランスの封建領主がフランス王家とイングランド王家の側に立って戦った。当時は国家という意識が薄かった。

▲ワット・タイラーを殺害するウィリアム・ウォルワース（左）。

◀ワット・タイラー（左手前）が指揮する反逆者軍に説法するジョン・ポール（中央）。

　イングランド南東部から始まった一揆はたちまち全国に広まり、指導者ワット・タイラーとジョン・ボールの元に反乱軍が集まり、徒党を組んでロンドンに攻め込む。ロンドン塔に避難していた国王リチャード2世は反乱軍に包囲されると、タイラーと会談し農奴制の即時撤廃や小作料の軽減などを約束。しかし、2回目の会談においてタイラーが国王の臣下にだまし討ちされると、反乱軍は制圧された。反乱後、国と領主階級の支配は強化されたが、農奴解放の流れは進み、各地で自由を得た農民は次第に自立していく。

＊ワット・タイラー＝イングランドの農民。反乱では、ロンドン市内に突入した。生年不明〜没年1381年6月15日。
＊ジョン・ボール＝イングランドの神父で、反乱における思想的指導者。生年1338年頃〜没年1381年7月15日。

No.51

Battle of Lowestoft

ローストフトの海戦

ヨーク公ジェームズ最後の戦場

発　生：1665年6月13日
場　所：イングランド、ローストフト
出来事：第2次英蘭戦争中に起きたイングランドとネーデルラント連邦共和国との海戦
結　果：イングランドの勝利

▲ロイヤル・チャールズを旗艦とするイングランド艦隊と、ネーデルラント連邦共和国の艦隊の衝突。

　1665年に第2次英蘭戦争が勃発すると、イングランド海軍は海軍卿のヨーク公ジェームズ*とその従兄弟であるカンバーランド公ルパート、海軍提督のサンドウィッチ伯エドワード・モンタギューが指揮を執ることになった。対するネーデルラントは、陸軍出身のオブダム提督が海軍を率いていた。

　同年6月、イングランド艦隊がテムズ川河口から北上し、イングランド東部サフォークの町ローストフトに艦隊を停泊させた。するとネーデルラント

＊ヨーク公ジェームズ＝後のイングランド、スコットランド、アイルランド王ジェームズ2世で、3国としては最後のカトリックを信仰する王だった。生没1633年10月14日～1701年9月16日、在位1685年2月6日～1688年。

▲ヨーク公ジェームズ　　▲エドワード・モンタギュー　　▲カンバーランド公ルパート

　艦隊がその日のうちに現れ、両軍は2日間けん制しあった後に交戦を始める。イングランド軍はヨーク公が旗艦ロイヤル・チャールズに座乗し、カンバーランド公が戦列艦ロイヤル・ジェイムズ、サンドウィッチ伯が戦列艦プリンス・ロイヤルにそれぞれ乗り込んでいた。

　風上についたイングランド艦隊は、接近してきたネーデルラント艦隊に先手を打ち、接近戦に持ち込んだ。ヨーク公が指揮するロイヤル・チャールズは、オブダムが乗る旗艦に対し奮闘を続け、イングランド側の援軍が到着すると、後方に位置していたネーデルラント艦隊は続々と味方旗艦から離れていった。ロイヤル・チャールズの砲撃によって、ネーデルラント艦隊旗艦が爆発し、オブダムが戦死すると代理としてヨハン・エヴェルトセンが指揮を引き継ぐ。しかし、ネーデルラントの劣勢を覆すことはできず、ロッテルダムへと後退する。オブダムの部下だったコルネリス・トロンプは、その場に留まり戦いを続けたが、エヴェルトセンの敗走を見ると戦場から離脱した。

　イングランド艦隊はネーデルラント艦隊相手に完全な勝利を収めたが、ヨーク公は王位継承者だったため、万一を恐れたチャールズ2世の判断により後方に回され、以後戦場に出ることはなかった。ネーデルラントはエヴェルトセンを軍法会議にかけ、敗戦の責任を追及した。最終的に無罪となったが、65歳という年齢を理由に現役から外されることになった。

＊提督（ていとく）＝艦隊の司令官。艦長は個艦の指揮官で、提督は複数の艦艇を指揮する。

建造物
Historical landmark

宮殿、橋、船、大聖堂、ストーンサークル
古代から現代までイギリスを見守る建造物たち

Quiz

Q 11世紀に創建され「女王陛下の宮殿にして要塞」と呼ばれた後、15世紀後半からは王位継承権争いで敗れた王族や政治犯、反逆者などが幽閉され牢獄や処刑場として使われた城塞の名は？…… p.112

Q 産業革命の象徴的な鋳鉄製のアーチ橋といえば？…… p.114

Q 13世紀から15世紀に、ローマ帝国からの侵入を防ぎ、広大な領土を守った防壁のハドリアヌスの長城とアントニヌスの長城のうち北側にあるのは？…… p.116

Q 超弩級の語源となった20世紀初頭に竣工されたイギリスの戦艦の名前は？…… p.118

Q イングランドのソールズベリーにある先史時代の巨石群といえば？…… p.120

Q イングランドの歴代国王の戴冠式が行われるイングランド国教会の寺院(アビー)といえば？…… p.122

Q 世界の時間を定める天文台のある場所といえば？…… p.124

Q 2009年に世界遺産登録されたイギリス随一の標高と全長を誇る石と鉄でできたアーチ橋は？…… p.126

Q 「鋼の恐竜」「鉄鋼の怪物」とも呼ばれるスコットランドの大鉄橋は？…… p.128

Q 世界初の蒸気タービン船といえば？…… p.130

Q ローマ・カトリック協会と対立し、イングランド国教会を分離させたことで知られるヘンリー8世だが、その王妃の幽霊が出るとされる宮殿は？…… p.132

Q テムズ川に架かるゴシック様式の尖塔をもつ世界で最も有名な橋は？…… p.134

Q 14mのパイナップルがあるスコットランドで最も奇妙な建物といえば？…… p.136

Q イギリス王室の公邸といえば？…… p.138

Q 1981年にチャールズ皇太子とダイアナ元妃が結婚式を挙げたゴシック建築の傑作と言われる建造物の名は？…… p.140

Q 宰相チャーチルが生まれた宮殿は？…… p.142

Q イングランド南西部のハチミツ色のコテージが美しい村といえば？…… p.144

Q ウェストミンスター宮殿に併設されている時計塔は？…… p.146

Q シェイクスピアの娘が暮らした家といえば？…… p.148

Q イギリス最古のベネディクト派修道院といえば？…… p.150

Q イケニ族が作ったといわれているイギリス最古の道は？…… p.152

Q イギリスの丘陵地帯に描かれた巨大な地上絵とは？…… p.154

Q 新石器時代の高い文化水準を示すイギリスの遺跡といえば？…… p.156

ロンドン塔

王宮や監獄と役割を変えてきた城塞

建築年：1078年から約20年かけて完成
用　途：宮殿、銀行、王立動物園、監獄
所　有：イギリス王室

Tower of London

ENTRY TO THE TRAITORS GATE

　ロンドン塔は、*ウィリアム1世がイングランドを征服（1066年）した後、テムズ川ほとりに建設（1078年）がはじまった要塞が起源とされる。その正式名称は「女王陛下の宮殿にして要塞」で、当初は質素な木造のとりでだった。その後、白い石材を用いて建て替えられるとホワイト・タワーと呼ばれるようになり、現存最古の建築物として現在も残る。5階建ての高さ約27mのホワイト・タワーを中心に、歴代の王によって増築や改築が重ねられ、ジェームズ1世が統治した1625年まで国王の宮殿であった。

＊ウィリアム1世＝イングランド王（生没1027～1087年9月9日）。現在のイギリス王室の開祖。　＊ヘンリー8世＝イングランド王（生没1491年6月28日～1547年1月28日）。ローマ・カトリック教会からイングランド国教会を分離させた。

①ホワイト・タワー
②セント・ピーター・アド・ヴィンキュラ礼拝堂
③タワー・グリーン
④クイーンズ・ハウス
⑤ビーチャム・タワー
⑥ソルト・タワー

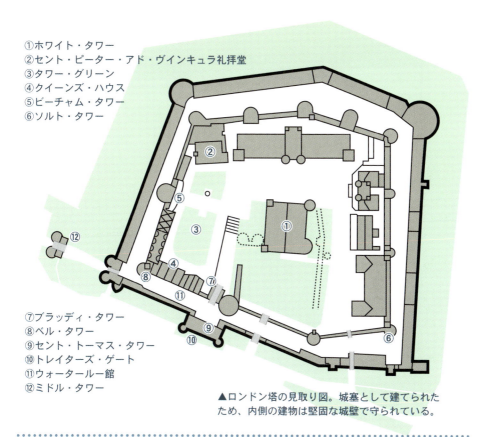

⑦ブラッディ・タワー
⑧ベル・タワー
⑨セント・トーマス・タワー
⑩トレイターズ・ゲート
⑪ウォータールー館
⑫ミドル・タワー

▲ロンドン塔の見取り図。城塞として建てられたため、内側の建物は堅固な城壁で守られている。

　15世紀後半からは王位継承権争いで敗れた王族や政治犯、反逆者などを幽閉する牢獄や処刑場としても使用されるようになり、ロンドン塔は王宮から監獄へと変わっていった。ホワイト・タワーの南側に位置するトレイターズ・ゲート（反逆者の門）は、多くの投獄者や処刑宣告された人々がロンドン塔へと入るために通った門として有名で、＊ヘンリー8世の2番目の王妃＊アン・ブーリンや12歳で即位したエドワード5世もこの門をくぐったという。
　第二次世界大戦中は捕虜となったドイツの副総統ルドルフ・ヘスが1941〜1944年まで勾留され、ロンドン塔最後の収監者となった。
　現在はイギリス王室が所有する宮殿で、イギリス陸軍近衛兵が警備にあたっている。ロンドン塔では世界最大級のワタリガラスが伝統的に飼育されているが、これは17世紀のチャールズ2世の時代に、カラスが去るとロンドン塔は崩れイギリスは滅びるという占い師の予言が基となっている。

＊アン・ブーリン＝生没1501年頃〜1536年5月19日。1536年5月19日、反逆などの罪で処刑。　＊ルドルフ・ヘス＝国家社会主義ドイツ労働者党（ナチス）副総統（生没1894年4月26日〜1987年8月17日）。1941年5月10日に対英和平のため単独で渡英。

No.53　　　　　　　　　　　　　　　　　　　Iron Bridge

アイアンブリッジ

産業革命の象徴的な鋳鉄製アーチ橋

建築年：1779年
開通年：1781年
用　途：鉄、石炭、石灰石の輸送（現在は歩行者専用）
設計者：トーマス・プリチャード

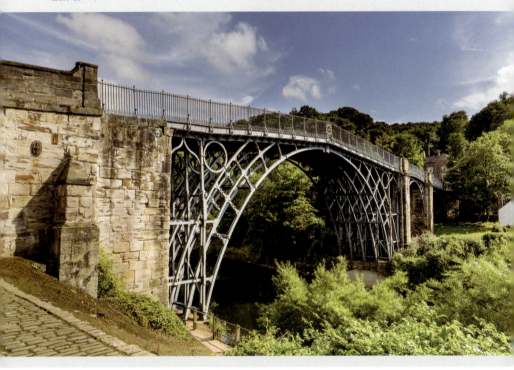

　アイアンブリッジは、ロンドンから北西に約190km離れたイングランド西部のシュロップシャー州に位置する世界最古の鋳鉄製アーチ橋。セヴァーン川が流れるアイアンブリッジ峡谷に架けられた全長約60mの橋で、コールブルックデール橋とも呼ばれている。
　アイアンブリッジ峡谷は、イギリスにおける産業革命が始まった地とされる。理由は石炭や鉄鉱石、石灰石などが豊富に埋蔵されていることと、広く

＊アイアンブリッジ＝イギリスで建築上、歴史的に重要とされるイギリス指定建築物の第1級指定建築物になっている。
＊産業革命＝18世紀中頃から19世紀にかけて発生した産業の変革。

▲設計者のトーマス・プリチャード

▲画家のウィリアム・ウィリアムズによって1780年に描かれたアイアンブリッジ

て深いセヴァーン川は資源や製品の運搬に適していたことが挙げられる。

　17世紀、イギリスでは森林資源の不足が問題となっていた。そこで、ダッド・ダッドリーによって製鉄に用いる燃料を木炭から石炭に変える試みが行われたが実現には至らなかった。1709年、製鉄業者のエイブラハム・ダービー1世がコールブルックデールで採れたコークスを使って高品質の鉄を生産する近代的な生産法を編み出す。この発明によって鉄の利用は一気に拡大し、産業革命へとつながっていった。

　コールブルックデールで作られた製鉄品や原料を輸送する手段として欠かせないセヴァーン川だが、川の増水や渇水が天候によって左右されやすく、産業の発達に伴う貨物量の増加に対応できなくなった。橋の必要性が提案され、エイブラハム・ダービー3世によって1777年にアイアンブリッジの建設が始められる。橋は1779年に完成し、1781年に開通した。左岸側の石造りのアーチ橋、中央部分の鋳鉄製半円アーチ橋、右岸側の小さな2つの鉄のアーチ橋という3要素で構成されている。

　完成から230年経つが当時のままの姿を保っており、現在は車両の通行はできず、歩行者専用となっている。1986年、アイアンブリッジを含むアイアンブリッジ峡谷が世界遺産に登録された。

＊セヴァーン川＝全長が354kmあり、イギリスで最も長い川。ウェールズのカンブリア山地・プリンリモンの近くに源流がある。イングランド南西部とウェールズ南部の間のブリストル海峡に注ぐ。

ハドリアヌスの長城、アントニヌスの長城

ローマ帝国の広大な領土を守った防壁

ハドリアヌスの長城
建築年：122〜132年
用　途：ケルト人の侵入を防ぐため
建設者：第14代ローマ皇帝ハドリアヌス

アントニヌスの長城
建築年：142〜144年
用　途：ハドリアヌスの長城に代わる長城
建設者：第15代ローマ皇帝アントニヌス

▲ハドリアヌスの長城。

▲アントニヌスの長城。

＊ハドリアヌス＝生没76年1月24日〜138年7月10日。帝国拡大路線を放棄して国境安定化路線に変更。
＊ケルト系民族＝インド・ヨーロッパ語族ケルト語派の民族で、中央アジアから馬と車輪をもたらしたとされる。

▲アントニヌスの長城とハドリアヌスの長城の位置。

　ハドリアヌスの長城は、イングランド北部のスコットランドとの国境線近くに建てられた城壁の跡。2世紀前半に第14代ローマ皇帝ハドリアヌスの命により、ケルト系民族であるピクト人などの襲来に備えるために建設が始められた。建設に10年を要した防壁はニューカッスル・アポン・タインからカーライルまでの全長118km。壁の高さ4〜5m、厚さ約3m。完成当時は土塁だったが、後に石垣で補強されたとされている。田園地帯の丘を縫うように続くハドリアヌスの長城には、等間隔に監視所や要塞が設けられ、ローマ帝国最北端の防衛線として重要な役割を担っていた。

　アントニヌスの長城は、第15代ローマ皇帝アントニヌスの治世下である142〜144年に建設。スコットランド中央部の古キルパトリックからフォールカークまでの約60km。高さ約4m、厚さ4.5m。南方約160kmにあるハドリアヌスの長城に代わるべく建設が始められ、わずか2年で完成した。だが、スコットランド人の幾度もの激しい攻撃に耐えきれず、建設から20年後に放棄された。後世、建築材料として石材が持ち出されてしまったり、年月と風雨による劣化などでどちらの長城も部分的にしか残存していないが、領土の拡大に比例するように国境線の防御が困難になっていったローマ帝国の繁栄と衰退を示す文化的景観となっている。

＊ピクト人＝スコットランドのハイランド地方を支配していた部族で、ケルト語を使っていた。8世紀頃に姿を消す。
＊アントニヌス＝アントニヌス・ピウス（生没86年9月19日〜161年3月7日）。大規模な軍事遠征を行わなかった特異な皇帝。

No.55

HMS Dreadnought

戦艦ドレッドノート
他艦を旧式に変えた革命的戦艦

起工：1905年10月2日
進水：1906年2月10日
就役：1906年12月2日
退役：1919年、1923年解体

Everett Historical / Shutterstock.com

　1905年に起工されたイギリス海軍のドレッドノートは、革命的な戦艦だった。同艦の竣工によって、当時建造中の艦を含め、すべての戦艦が旧式となった。このため、日本の薩摩型、フランスのダントン級、イギリスのロード・ネルソン級、アメリカのコネチカット級など、当時建造中の戦艦すべてが竣工前に、あるいは竣工直後に旧式戦艦となってしまった。

　戦艦大和に"超弩級戦艦"といった枕詞を付けることがあるが、"弩"はドレッドノートの"ド"のこと。超弩級とは、ドレッドノートを超越した戦艦という意味。同艦以前の戦艦は前弩級、準じているが弩級ではない場合は準弩級、同艦と同一思想の戦艦は弩級、同艦の思想を受け継いだ改良型は超弩級となる。

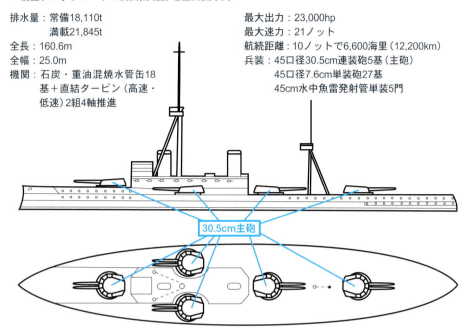

▼戦艦トレッドノートの側面図(上)と上面図(下)

排水量：常備18,110t
　　　　満載21,845t
全長：160.6m
全幅：25.0m
機関：石炭・重油混焼水管缶18
　　　基＋直結タービン（高速・
　　　低速）2組4軸推進

最大出力：23,000hp
最大速力：21ノット
航続距離：10ノットで6,600海里（12,200km）
兵装：45口径30.5cm連装砲5基（主砲）
　　　45口径7.6cm単装砲27基
　　　45cm水中魚雷発射管単装5門

　なお、第二次世界大戦に参加した第一線の戦艦は、すべて超弩級戦艦だった。当時の日本で最も古い戦艦金剛（1911年起工）も超弩級戦艦である。

　ドレッドノート以前の戦艦は、複数の口径の主砲を備えていた。戦艦薩摩は、艦体前後に30.5cm連装砲各1基と両舷に25.4cm連装砲各3基を装備し、この2種類の砲が主砲だった。

　対して、ドレッドノートは、同一砲身長の口径30.5cm連装砲を5基10門を装備していた。片舷4基8門を同一諸元で発射でき、同艦1隻で従来艦2隻分の戦力とまで言われる。艦橋にある射撃方位盤で算出された諸元で統一した照準データによる一斉射撃ができ、長距離砲戦において圧倒的な命中率を実現する。

　さらに、従来艦が蒸気ピストン機関で最大速度18ノット前後であったのに対し、同艦は蒸気タービン機関によって21ノットの高速を実現した。

　ドレッドノートは、圧倒的な攻撃力と高速によって、戦場を支配することができる戦艦だった。イギリス海軍は新機軸に消極的な組織ともされるが、同艦はイギリス海軍が起こした戦艦の一大革命だった。

No.56　　　　　　　　　　　　　　　　　　　　　　　　　　Stonehenge

ストーンヘンジ

ソールズベリーの先史時代の巨石群

建築年：紀元前2500～紀元前2000年の間と推定
用　途：太陽崇拝の祭祀場、古代の天文台、礼拝堂など諸説あり
場　所：イングランド、ウィルトシャー、ソールズベリー

ソールズベリー

　ストーンサークルとは自然石を環状に並べたもので、環状列石ともいう。ヨーロッパでは新石器時代*から鉄器時代にかけて造られたものが多く、特にイギリスでは巨石を使用した遺跡が多数発見されている。代表的なものが、ロンドンから西に200kmほど離れたイギリス南部ウィルトシャーのソールズベリーの草原に立つストーンヘンジだ。

　世界でも有名な先史時代の遺跡の1つであるストーンヘンジだが、未だに解明されていない部分が多い。紀元前2500～1500年頃にかけて複数の工程を経て建設されたと考えられており、中央には祭壇石が置かれ、これを囲むように馬蹄型に配置された高さ約7mの巨大な門型の石柱が5組並ぶ。この外側には直径100mの円形に高さ4～5mの立石が30個並び、さらに堀が取り囲

*新石器時代＝グレート・ブリテン島の新石器時代は紀元前5000～4000年頃に始まったとされる。当時、牛や豚を飼育し、小麦や大麦を栽培していた。小麦や大麦は、石臼で挽いてパンにしたり、煮て食べていた。

▲ストーンヘンジの俯瞰図。門の形をした巨大な石は、立石と横石に作られた凹凸を組み合わせて固定されており、当時としては高度な技術が使われている。

むように配置されている。時代の経過と共に何度か作り直され、石の並びも変わったとされる。堀の外には祭壇石の北東方向にヒール・ストーンと呼ばれる大きな石が置かれており、夏至の日に祭壇石とヒール・ストーンを結ぶ直前上に太陽が上がってくることから、天文学的知識を持つ者がストーンヘンジの造営に携わったのではないかと推測されている。

ストーンヘンジが作られた大まかな年代や、その建築方法、使用されている巨石の採掘場所などは解明されつつあるが、ストーンヘンジが作られた目的は、古代の太陽崇拝に関する祭祀場や天文台、ケルト民族によるドルイド教の宗教施設など諸説あり、まだはっきりと分かっていない。

1986年、30km離れたエーヴベリーの巨石群と合わせて世界遺産に登録された。先史時代の文明を実際に目にすることのできる貴重な遺跡だが、劣化は避けられず多くの巨石が傾いたり倒れたりしている。現在はイギリスのナショナル・トラストが管理しており、入場者数の制限が行われている。

＊ドルイド教＝古代ケルト人の宗教で、祭祀を意味するドルイドを中心に占いを主とした輪廻や天文に関する知識を説いた。ケルト系の中部ヨーロッパへの進出は青銅器時代になってからとされる。

No.57

Westminster Abbey

ウェストミンスター寺院

歴代国王の戴冠式が行われたアビー

建築年：11世紀
改　装：1245年
用　途：戴冠式、結婚式、葬儀、墓地

ロンドン

　テムズ川左岸に位置するウェストミンスター地区は、ロンドンの中でも数多くの歴史的建造物が点在している場所。ウェストミンスターの地名はウェストミンスター寺院の周辺地域を示す古い呼称で、この中心に建つ同寺院は、イギリス王室と深い関わりを持つイングランド国教会の教会だ。

　1066年、イングランド王ウィリアム1世がこの地で戴冠してから、エドワード5世[*]とエドワード8世[*]を除いて現在に至るまで、歴代の王がウェストミンスター寺院で戴冠式を行っている。また、結婚式や葬儀といった王室行事も執り行われているため、ウェストミンスター寺院は王室直属の教会とさ

[*]エドワード5世＝イングランド王、生没1470年11月4日〜1483年9月3日頃。12歳で戴冠するが、戴冠式前に退位させられる。
[*]エドワード8世＝イギリス王、生没1894年6月23日〜1972年5月28日。「王冠を賭けた恋」のため、歴代最短の325日で退位。

▲寺院西側の出入り口の上には、20世紀の殉教者たち10人の像が並んでいる。

れており、教区からも独立している。ローマ・カトリックのウェストミンスター大聖堂（カテドラル）に対し、こちらはイングランド国教会の寺院（アビー）である。アビーの中のアビーであることから「ジ・アビー」とも呼ばれる。

　伝説によると、起源は7世紀、東サクソン王が聖ペテロを記念する教会を建てたのが始まりとされる。11世紀にはエドワード懺悔王がベネディクト派の修道院として建立し、1245年にはヘンリー3世がフランス・ゴシックを模した寺院として大規模に改修した。14世紀後半には現在残る建物の大半が完成したものの、幾度もの改築が重ねられたため工事は18世紀まで続けられた。そのため、様々な時代の建築様式が混在する建築物となっている。

　内部には3000の墓と400の記念碑があり、歴代国王を始め、アイザック・ニュートンやチャールズ・ダーウィン、ウィリアム・シェイクスピアなど、英国史上の著名人や国家に貢献した人物が数多く埋葬されている。そのため、ウェストミンスター寺院に埋葬されるのはイギリス人にとって大変名誉なことだとされている。隣接するウェストミンスター宮殿や聖マーガレット教会と共に、1987年に世界遺産に登録された。

＊ウェストミンスター大聖堂＝カトリックの教会。ウェストミンスター大司教区の司教座聖堂。
＊聖ペテロ＝生年不明、没年は67年頃とされる。新約聖書に登場し、イエス・キリストに従った使徒の1人。

No.58　　　　　　　　　　　　　　　　Royal Observatory, Greenwich

旧グリニッジ天文台

世界の時刻を定めた天文台

建築年：1675年
用　途：世界共通の緯度の基準である本初子午線を定めた
設立者：イングランド国王チャールズ2世

　グリニッジは、ロンドン中心部から東に5kmにあるグリニッジ・ロンドン特別区のテムズ川南岸にある。経度0° 0' 0"のグリニッジ平均時の基準となっている港町だ。旧グリニッジ天文台がある町として世界的に有名で、この天文台をグリニッジ子午線が通る。マリタイム・グリニッジ（海自都市グリニッジ、河港都市グリニッジ）として、1997年に世界遺産に登録された。

　グリニッジ・パークに建つ旧グリニッジ天文台は、1675年にイングランド王チャールズ2世によって設立された王立天文台。15世紀後半から始まった大航海時代だが、当時の航海は運に任せたものが多く安全性を欠いていた。海難事故による犠牲者や船の損失が多く、イングランドが海の覇者となり各

＊本初子午線＝経度0度0分0秒と定義された基準の子午線。現在は国際地球回転・基準系事業の国際基準子午線が使われ、グリニッジ子午線とは経度で5.3101秒、距離で東に102.478m離れている。

▲グリニッジ標準時を表す24時間表示の時計。　joachim affeldt / Shutterstock.com

　国との競争を制するには、航海術の向上と正確な緯度と経度の計測が不可欠だった。こうして天文台が設置され、時計職人のジョン・ハリソン*によるクロノメーター*が開発されると、正確な経度の計測が可能となる。イングランドの航海技術は飛躍的に進歩し、海洋国家としての繁栄の道しるべとなった。

　1851年、天文台長のエアリーにより子午環が設置されると、この地点の平均太陽時であるグリニッジ平均時を定めた。これが世界共通の経度の基準として定められ、世界の経度と時刻の基準を担っていく。後年、ロンドンの発展により首都近郊にも光化学スモッグなどが発生するようになると観測が困難となり、1948年に王立天文台のハーストモンソーへの移設が始まる。移転は1957年に完了し、グリニッジの天文台は旧王立天文台となった。

　1998年に天文台としての活動を終了し、現在は観測機器などはない。国立海自博物館として公開されていて、内部には経度発見に至る歴史などの展示があり、中庭にはグリニッジ子午線を示すプレートが設置されている。

＊ジョン・ハリソン＝生没1693年3月24日〜1776年3月24日。大洋の航海に必要な経度の測定が可能なクロノメーターを始めて製作した。　＊クロノメーター＝機械式時計。

No.59

Pontcysyllte Aqueduct

ポントカサステ水路橋

川の上に架かる橋を流れる運河

建築年：1805年に完成
用　途：航行できる水道橋
建設者：トーマス・テルフォード、ウィリアム・ジェソップ

　ポントカサステ水路橋は、ウェールズ北東のレクサム郡にあるトレヴァー村とフロンカサステ村の間を流れるディー川の上に架かる。ランゴレン運河の一部で、イギリス随一の標高と全長を誇る石と鉄でできたアーチ橋だ。2009年、「ポントカサステ水路橋と運河」として世界遺産に登録されている。

　産業革命期のイギリスでは鉄道の普及以前、石炭などの原材料や製品の運送を運河を用いて行っていた。運河に頼る以上、高低差の大きい場所での輸送は大きく迂回したり、陸送など別の手段を用いるしかなかった。

　19世紀初頭、土木技師のトーマス・テルフォードとウィリアム・ジェソップが考えたのが、谷を跨ぐ運河だった。設計と建築に10年を要し、ポントカサステ水路橋は1805年に完成。水路橋を運河のようにつなげて谷を超えるという空中水路だった。全長307m、幅3.4mで、内部が空洞になった

＊ディー川＝ウェールズとイングランドを流れる川。全長110km。チェスターを経てアイリッシュ海に注ぐ。
＊トーマス・テルフォード＝スコットランドの土木技師、建築家。生没1757年8月9日～1834年9月2日。

▲乗客を乗せて水道路をゆったりと進むナローボート。　　　Johann Knox / Shutterstock.com

　石造りの橋げた19本と鋳鉄製のトラフ（溝型の部品）からなり、トラフはアーチ型の部品を介して橋げたに支えられている。トラフは高さ38mにあり、このトラフが水路となっている。水路脇には歩道が設けられており、徒歩でも通行できる。鋳鉄と鍛鉄の両方を用いたことで軽くて丈夫なアーチ構造が可能となり、後の建築に大きな影響を与えた。完成した水路橋は当時最先端の土木技術が用いられており、産業革命における偉業だとされる。

　完成から200年以上経つポントカサステ水路橋だが、現在も毎年1万艘（そう）以上の船が航行し、また2万5000人以上の歩行者が通る現役かつイギリス最大の水路橋だ。水路橋の管理と維持のために水路橋の下を流れるディー川に運河の水を排水できるようになっており、150万ℓもの水が一気に排出されるという。

＊ウィリアム・ジェソップ＝イングランドの土木技術者。生没1745年1月23日〜1814年11月18日。

No.60

Forth Bridge

フォース橋

スコットランドフォース湾の大鉄橋

着工：1882年　竣工：1890年　開通：1890年3月4日
用途：鉄道橋
設計：ジョン・ファウラー、ベンジャミン・ベイカー

　スコットランドの首都エディンバラの北にあるフォース湾は北海に向かって開いており、海岸線には石油化学工場や石油採掘場、海軍のドックなどが並ぶ工業地帯。このフォース湾に架かる橋が、フォース橋だ[*]。フォース湾には並行して2つの大きな橋があるが、一般にフォース橋と呼ばれているのは鉄道橋で、車や人が通行できる橋はフォース・ロード・ブリッジと呼ばれる。

　1890年に完成した全長2528mのフォース橋は、スコットランドの強風にも耐えうる堅固な構造の橋として知られている。フォース橋に先んじてスコットランドのテイ湾に架けられたテイ橋が完成から1年後に強風で崩壊し、多くの犠牲者を出した事故があった。フォース橋は、この事故を教訓として設計された。ジョン・ファウラーとベンジャミン・ベイカーによって設計され、世界で初めて複数のカンチレバー（片持ち梁）を採用したトラス橋で、

＊フォース橋＝1917年にカナダのケベック橋が完成するまでは、世界最長のカンチレバートラス橋だった。
＊テイ橋＝全長3264mの鉄道橋。1879年12月28日崩落、場所を変えて再建され1887年7月13日に開通。

▲フォース橋の構造であるカンチレバーの原理の実演。

▼側面図
▼上面図

全長：2528.7m／高さ：104m／桁下高：46m／最大支間長：521.3m／カンチレバーの長さ：145m
形式：カンチレバートラス橋

カンチレバートラス橋は主に支間距離が比較的長い橋に用いられる方式。材料には従来から使用されている錬鉄ではなく、鋼鉄が選ばれている。鋼鉄の量は5万1000t以上にも達し、鋼鉄をつなぎ合わせるリベットは800万個も必要だった。見た目から「鋼の恐竜」や「鋼鉄の怪物」とも呼ばれている。

　着工から8年後に完成したフォース橋は当時のウェールズ皇太子で後のエドワード7世によって開通式が行われて以来、現在も現役で鉄道橋として活躍している。1964年には隣に道路橋のフォース・ロード・ブリッジが開通し、2つ並んだ橋はフォース湾の名物風景となっている。2015年には世界遺産にも登録された。

＊錬鉄＝鋼鉄の大量生産法が発明される前に作られていた鉄で、炭素の含有量が少ない。鋼鉄に比べて脆い。
＊リベット＝ねじ山のないねじのような形で、穴を開けた部材に差し込み、しめることでつなぎ合わせる。

No.61　　　　　　　　　　　　　　　　　　　　　　　　　　　　Turbinia

タービニア

世界初の蒸気タービン船

進　水：1894年
開　発：1884年
開発者：チャールズ・アルジャーノン・パーソンズ

排水量：44.5t／全長：31.62m／全幅：2.7m／喫水：0.91m／推進器：3段軸流式パーソンズ蒸気タービン、2,000馬力、3缶水管式石炭焚ボイラー、3軸推進、スクリュー・プロペラは各直径460mm、ピッチが610mm／速力：63.9km/h

　　蒸気タービンとは蒸気の持つ熱エネルギーを回転運動に変換する熱機関で、高温かつ高圧の蒸気をノズルや回転羽根に吹き付けて回転させ、その回転をプロペラ軸に伝えることで動力を得るというもの。主に水蒸気が使用され、重量は軽く高馬力を出せるが、燃料消費量が大きいというデメリットがある。世界で初めて蒸気タービン機関を搭載した船が、タービニアだ。
　　1884年、チャールズ・アルジャーノン・パーソンズ[*]によって、蒸気タービン機関が完成。蒸気タービン機関は、レシプロ式の蒸気機関に比べて振動や騒音が少なく、熱効率が高いという特徴があった。

[*] チャールズ・アルジャーノン・パーソンズ＝蒸気タービン船以外では、蒸気タービンによる発電システムを開発している。生没1854年6月13日〜1931年2月11日。

◀TSキングエドワード。最初に蒸気タービンを搭載した商船。

▲チャールズ・アルジャーノン・パーソンズ

▲タービン推進の最初の戦艦であるドレッドノート。

　パーソンズは蒸気タービンの特許を取得すると、実際に蒸気タービンを船舶に搭載するため5人の出資者と共に会社を立ち上げた。実験船タービニアの建造に取り掛かり、1894年8月2日に進水の日を迎える。

　時速63kmに達する航行を成功させ、タービン船の有用性を海軍に提言するが、受け入れられなかった。1897年6月26日、ヴィクトリア女王在位60年を記念して、スピットヘッドで記念観艦式が行われる。この場に予告なしで現れたタービニアはどの船よりも速く、制止する軍の船を振り切り、女王や皇太子を含む人々の眼前を快走した。こうして蒸気タービン機関は海軍の駆逐艦に導入されることになり、1905年からはイギリスの軍艦はタービン推進とすることが決定した。タービニアは1927年にタイン川の入り江で他の船と衝突し大破したが、1960年に修復され現在はニューカッスルのディスカバリー・ミュージアムに展示されている。

＊時速63km＝タービニアは34.5ノットを発揮した。1904年に竣工したイギリス海軍駆逐艦リバー級は蒸気レシプロ機関で、25.5ノットを発揮した。タービニアの快速ぶりがよくわかる。

No.62　　　　　　　　　　　　　　　　　　　　Hampton Court Palace

ハンプトン・コート宮殿

王妃の幽霊が出る……

建築年：1515～1521年（建物自体はそれ以前から存在）
所有者：トマス・ウルジー（イングランドの聖職者、政治家）
使用者：イングランド王ヘンリー8世

　幽霊が出るには訳がある。ヘンリー8世（1491年6月28日～1547年1月28日）は、テューダー朝第2代イングランド王で、ローマ・カトリック教会と対立し、*イングランド国教会を分離させたことで知られている。

　対立の理由は、王妃との離婚。離婚を認めないローマ・カトリックが、邪魔だったから。結局、ヘンリー8世は6回結婚し、6人の王妃のうち2人が幽霊となる。幽霊が出る場所が、ハンプトン・コート宮殿だ。

　3番目の王妃ジェーン・シーモアは、世継ぎエドワード王子を産むが、産褥により死去する。彼女の幽霊が出るといわれている。

　5番目の妃キャサリン・ハワードの幽霊も出る。廷臣で愛人の*トマス・カルペパー、恋人であった*フランシス・デレハムと国王との結婚後も関係があると密告され、彼女は否定したが、1542年2月13日に処刑された。

＊イングランド国教会＝1534年、イングランド王国で成立したキリスト教会。イングランド国教会の系統に属するキリスト教の教派である聖公会の母体となった。

最初の妃
キャサリン・オブ・アラゴン

生没1487年12月16日〜1536年1月7日。アラゴン王フェルナンド2世（スペイン王）の娘。イギリス、フランス、スペインを取り巻く国際情勢下での政略結婚であった。男子を産まないとの理由から強引に離婚される。ケンブリッジのキンボルトン城で崩御する。

2番目の妃
アン・ブーリン

生没1501年頃〜1536年5月19日、結婚期間1533〜1536年。ヘンリー8世の愛人メアリーとは姉妹。国王から愛人になるよう求められるが、強硬に結婚を要求する。国王暗殺の容疑と不義密通で反逆罪に問われる。実兄を含む5人の男と姦通したとされた。1536年5月19日、斬首。

3番目の妃
ジェーン・シーモア

生没1508〜1537年10月24日、結婚期間1536〜1537年。アン・ブーリンの侍女だった。前妃処刑の翌日に婚約、10日後に結婚。翌年、エドワード王子を産むが、産褥により病死。エドワード王子（エドワード6世）の戴冠は6番目の王妃で聡明で教養のあったキャサリン・パーが見守る。

4番目の妃
アン・オブ・クレーヴズ

生没1515年9月22日〜1557年7月17日、結婚期間1536〜1537年。父は神聖ローマ帝国ベルク公国ヨハン3世。宮廷画家ハンス・ホルバインが描いた肖像画を見て結婚を決めるが、肖像画と本人が乖離しているとして、離婚。アンは平和裏に離婚を承諾。42歳までロンドンで生活。

5番目の妃
キャサリン・ハワード

生没1521または1525〜1542年2月13日、結婚期間1540〜1542年。アン・オブ・クレーヴズの侍女であった。結婚後、元婚約者のフランシス・デレハムを秘書にする。デレハムおよび廷臣トマス・カルペパーとの姦通罪と反逆罪で、王の不在中に告発され、1542年に処刑。

6番目の妃
キャサリン・パー

生没1512〜1548年9月5日、結婚期間1543〜1547年。ヘンリー8世とは31歳で結婚しているが、これが3度目。前2回はともに夫と死別。1547年1月28日、ヘンリー8世が55歳で崩御。同年5月、ジェーン・シーモアの兄で元恋人のトマス海軍司令長官トマス・シーモアと再婚。

＊トマス・カルペパー＝ヘンリー8世の廷臣。生没1514〜1541年12月10日。斬首に減刑され、処刑。
＊フランシス・デレハム＝ヘンリー8世の廷臣。生年不明〜1541年12月10日。首吊り・内臓抉り・四つ裂きの刑で処刑。

No.63　　　　　　　　　　　　　　　　　　　　　　　Tower Bridge

タワー・ブリッジ

ロンドンのランドマーク

建築年：1886〜1894年
場　所：イングランド、テムズ川（ロンドン市内）
設　計：ホーレス・ジョーンズ

　タワー・ブリッジは、テムズ川に架かるゴシック様式の尖塔を持つ世界で最も有名な橋。ロンドン塔の横に建つ跳開式の可動橋だ。

　タワー・ブリッジの架橋は120年以上前にさかのぼる。当時、ロンドンの発展や人口の増加に伴って新たな橋を建設する必要があった。ロンドン橋付近には、大型の外洋船が入港する港湾施設があり、水上交通の妨げとなる固定橋の建設は不可能だった。この問題を解決するため、1876年に設立されたのが、「橋ないし地下道の特別委員会」だった。

　委員会は横断方法についてアイデアを公募し、1884年に都市建築家のホーレス・ジョーンズがデザインした橋の設計が採用される。1886年から建設が始まり、8年後の1894年に完成。両脇にある塔の高さは65mで橋脚の上に建設されている。開橋することで、大型船舶が通過できるようになった。

＊ホーレス・ジョーンズ＝イギリスの建築家。1882〜1884年まで英国建築協会の会長を務める。生没1819年5月20日〜1887年5月21日。

▶建設当時、橋の昇降に使われていた蒸気機関。資料として展示されている。蒸気機関でパイプに水を通して水圧をかけ、シーソーの原理で中央部分から開閉でき、86度の角度まで持ち上がる。現在、橋の開閉は電力に変更されているが、現役で月に数回は開閉している。

pio3 / Shutterstock.com

用途：道路橋
全長：244m
桁下高：8.6m（閉）42.5m（開）
最大支間長：61m
形式：跳開構造

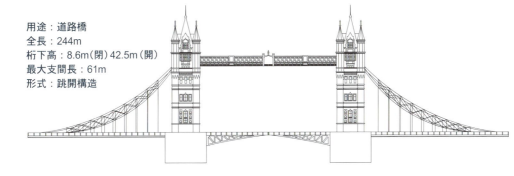

◀タワーブリッジの開橋時。2つの塔の間には橋が上がっていても歩行者が通行できるように、歩道橋が設けられている。歩道橋は利用者が少ないことから1910年に閉鎖されたものの、現在は展望用に一般に解放されている。イギリス指定建造物の第1級指定建築物に指定されている。

No.64

ダンモア・パイナップル

The Dunmore Pineapple

14mのパイナップルがある奇妙な建物

建築年：1761年
用　途：温室（現在は観光者向け宿泊施設）
所有者：第4代ダンモア伯爵ジョン・マーレイ（現在はスコットランドのナショナル・トラストが所有）

　ダンモア・パイナップルは、スコットランドで最も奇妙な建物として知られている。かつてのスコットランド王国の首都であったスターリングにあるダンモア公園内にあり、特徴的なパイナップル型の屋根を持つ温室だ。

　1761年、スコットランド貴族であり、植民地総督の肩書を持っていた第4代ダンモア伯爵ジョン・マーレイが建てた。1756年、父から爵位を継いだダンモア卿は、1759年、第6代ギャロウェイ伯の娘シャーロットと結婚。妻の誕生日祝いとして建てたのが、ダンモア・パイナップルだった。

　建築された場所は、代々ダンモア伯爵家が所有していた土地で、周囲は広

＊第4代ダンモア伯爵＝ダンモア伯爵はスコットランド貴族の爵位。北アメリカ、バージニア植民地最後の総督でもあった。
　生没1732〜1809年2月25日。

▲ジョン・マーレイ

◀ダンモア・パイナップルの上部。パイナップルの細かい部分まで再現されている。

大な庭園になっている。建物の内部は温室になっており、パイナップルの栽培が行われていたという。

　高さ14mの石造りのパイナップルが目を引くが、下部の窓や扉はこのパイナップルの曲線に合わせていたり、パイナップルの葉の部分に水が溜まらないように排水設備が整えられるなど、精巧な造りになっている。

　パイナップルがモチーフになった理由だが、大航海時代の1493年、クリストファー・コロンブスが西インド諸島グアドループ島でパイナップルを見つけたことに関係している。

　コロンブスがパイナップルを持ち帰って以降、ヨーロッパ各国に急速に広まっていったが、異国の果実は入手困難な王の果実として、富と権力の象徴になっていた。イギリスでも温室栽培が始まるが、王族や貴族など限られた階層のみが味わえるものだった。18世紀に入っても価値は変わらず、1個のパイナップルが1台の馬車と同じ価値を持っていたという。ダンモア伯爵も自身の権力を示すため、ダンモア・パイナップルを建てたとされる。

　現在はスコットランドのナショナル・トラストによって管理されており、宿泊施設として利用できるようになっている。庭園は年中解放されているので、この奇妙な建物は観光の目玉の1つになっている。

＊パイナップル－原産地はブラジルのパラナ川とパラグアイ川の流域。パイナップル科の多年草。コロンブス到着以前に、先住民によって新大陸各地で栽培されていた。1493年11月4日、コロンブスの第2次探検隊がグアドループ島で見つける。

No.65　　　　　　　　　　　　　　　　　　　　Buckingham Palace

バッキンガム宮殿

イギリス王室の公邸

建築年：1703年（1825年、1913年に改築）
用　途：イギリス国王の宮殿
所　有：イギリス王室

ロンドン

HVRIS / Shutterstock.com

　ロンドンで最も人気の観光名所。1837年以降は、イギリス国王のロンドンにおける宮殿となり、公邸かつ執務の場でもある。諸外国の元首や賓客を迎える迎賓館の役目も担う。総敷地面積は約1万坪、公式広間が19、寝室が52、浴室78、92の事務室などがあり、部屋の総数は775。この他、舞踏会場や美術館、図書館、音楽室があり、宮殿で働く従業員の数は約450に達する。

　バッキンガム宮殿の始まりは、1703年にバッキンガム公ジョン・シェフィールドが自分の邸宅用に購入した桑畑に建てた、レンガ造りの素朴な邸宅バッキンガムハウスだといわれている。宮殿はヴィクトリア女王の時代に現在の姿にほぼ完成。1837年にヴィクトリア女王[*]が即位すると同時に、セント・ジェームズ宮殿からバッキンガムへと移り住み、この宮殿は公邸として使用されることとなった。

＊ジョン・シェフィールド＝初代バッキンガム＝ノーマンビー公。生没1648年4月7日～1721年2月24日。バッキンガムハウスは、1702～1703年にかけて改築された。1761年、ジョージ3世が王妃シャーロットの住居として購入。

①ステートダイニングルーム
重厚感のある赤を基調とした公式晩餐会に使用する部屋。壁には歴代の王室一家の肖像画が飾られている。窓からは美しい庭を一望できる。

②ブルードローイングルーム
メアリー王妃が青の壁紙を提案したことからその名がついた客間。イギリスで最も美しい部屋の1つとされている。

③ミュージックルーム
グリーンドローイングルームに集まった賓客が拝謁を受ける場所。王家に生まれた子が洗礼を受ける場所でもある。

④ホワイトドローイングルーム
白と黄色を基調としたきらびやかな客間。鏡の1つは隠し扉になっており、女王が自室から直接入るために使用する。

⑤スローンルーム
王座がある謁見室。劇場装飾をしており、王座を舞台に見立てている。現在も叙勲式などで使用されている。

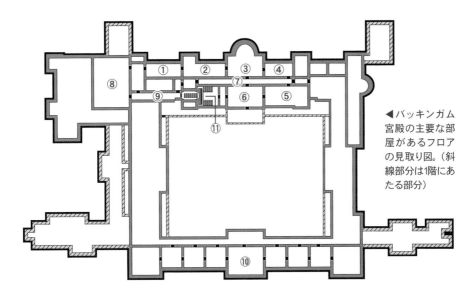

◀バッキンガム宮殿の主要な部屋があるフロアの見取り図。(斜線部分は1階にあたる部分)

⑥グリーンドローイングルーム
壁紙が緑の客間。待合室の用途で使われており、賓客はまずこの部屋に通され、スローンルームやミュージックルームへ進む。

⑦ピクチャーギャラリー
スイートルームをつなぐ廊下の役割も持つ画廊。ヴァン・ダイク、フェルメール、ルーベンス、レンブラントなどの絵画が飾られている。

⑧ボールルーム
現在は晩餐会を行う部屋となっている舞踏室。王座やダンスを鑑賞するための観客席がある。

⑨イーストギャラリー
ヴィクトリア女王に関連した絵画が飾られている画廊。

⑩バルコニー
祝日になると王室家族が国民の前に姿を見せる場所。初期の宮殿にはバルコニーはなく、1913年の改築時に増設された。

⑪グランドステアケース
ステートルームへ向かう際に使う大階段。金メッキでできた手すりが特徴的で、壁にはヴィクトリア女王などの肖像画が飾られている。

*ヴィクトリア女王=世界各国、地域を植民地化または半植民地化し、繁栄の頂点に達した大英帝国を象徴する女王。生没1819年5月24日〜1901年1月22日。在位1837年6月20日〜1901年1月22日。

No.66 St Paul's Cathedral

セント・ポール大聖堂

大火災から再建した傑作ゴシック建築

建築年：1710年
用　途：イギリス王室の行事を行う大聖堂
開　発：イニゴ・ジョーンズ、クリストファー・レン

　ロンドンの中心にあり、世界屈指の金融街として長い歴史を持つシティ・オブ・ロンドンには、重厚なバロック様式のセント・ポール大聖堂がある。
　イングランド国教会ロンドン教区の主教座聖堂で、聖パウロを記念して建てられた。王族の結婚式や即位記念式典など、イギリス王室の行事を行う場としても重要な役割を担っている。1981年、チャールズ皇太子とダイアナ元妃が結婚式を挙げたことでも知られている。
　セント・ポール大聖堂の歴史は604年、サクソン人司教によって築かれた

＊シティ・オブ・ロンドン＝ロンドン中心部ある地区。現在のロンドンの起源となる地区であり、単にシティとも呼ばれ、ロンドン証券取引所、イングランド銀行、ロイズ本社などがある金融センターとなっている。

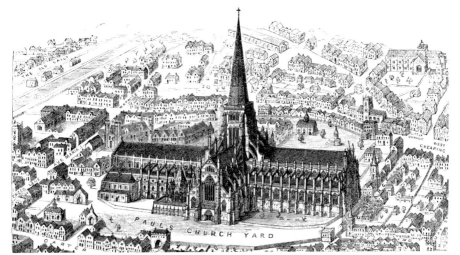

▲木造だった旧セント・ポール大聖堂のスケッチ。

木造の教会に始まる。以後、ヴァイキングによって焼き払われたり、落雷により焼失したりと、長い歳月の間に幾度も焼損、破損しては修復するを繰り返した。17世紀になると大聖堂の再建計画が持ち上がり、ゴシック様式とイタリア・バロック様式が融合した設計案が提示されていた。だが、再建の前、1666年に発生したロンドン大火災で完全に消失してしまう。

　イギリスの有名建築家クリストファー・レンを中心に本格的な再建設が進められ、着手から35年後の1710年、現在のセント・ポール大聖堂が完成した。

　新たに生まれ変わった大聖堂は直径約34mの大ドームと西側正面にある2つの尖塔が特徴で、バロック様式の傑作ともされる。

　第一次と第二次世界大戦では、奇跡的に破壊を免れ、戦後は復興のシンボルとしてロンドン市民の心の支えになったという。

　大聖堂のシンボルである巨大なドームは、バチカンのサン・ピエトロ大聖堂に継ぐ世界第2位の大きさを誇り、内部も広く荘厳な空間となっている。ドーム内側の天井に描かれた金色に輝く聖パウロの一生や、身廊や祭壇の緻密で豪華な装飾は必見の美しさ。また、大ドームの最上部にあるゴールデン・ギャラリーは、ロンドンの町並みを一望できる人気のビュー・スポットとして多くの観光客が訪れる。

＊サクソン人＝北ドイツ低地に起源があるゲルマン系民族。イングランド人の主体となった。文献には2世紀頃に現れる。カエサルの『ガリア戦記』やタキトゥスの『ゲルマニア』には記載がなく、紀元後1世紀以前に存在した民族ではないとされる。

No.67

Blenheim Palace

ブレナム宮殿

宰相チャーチルが生誕した宮殿

建築年：1705〜1722年
用　途：貴族の私邸
建　設：ジョン・ヴァンブラ

ウッドストック

Fulcanelli / Shutterstock.com

　イングランド南東部オックスフォードシャー、ウッドストックに建つバロック様式の宮殿。第二次世界大戦を指導したイギリスの首相、ウィンストン・チャーチルの生誕地でもある。宮殿と呼ばれているが王族が所有しているわけではなく、貴族の私邸として使用されてきた建物だ。

　ブレナム宮殿の歴史が始まったのは1704年のこと。当時、スペイン王家の継承者をめぐってヨーロッパ各国で行われていたスペイン継承戦争の1つ

＊ブレナム宮殿＝屋敷の名は、ジョン・チャーチルが殊勲をあげた戦場、ブレンハイムに因んでいる。
＊スペイン継承戦争＝1701〜1714年にかけて、スペイン王位の継承者を巡りヨーロッパ諸国が行った戦争。

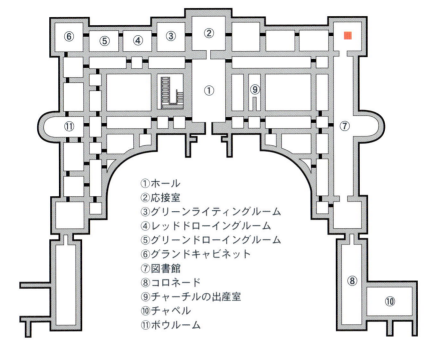

①ホール
②応接室
③グリーンライティングルーム
④レッドドローイングルーム
⑤グリーンドローイングルーム
⑥グランドキャビネット
⑦図書館
⑧コロネード
⑨チャーチルの出産室
⑩チャペル
⑪ボウルーム

▲正面から見た宮殿。　Hendra Oktavianus / Shutterstock.com

▲ブレナム宮殿の見取り図。⑥から■の部屋の扉が縦列になっていて、扉を開けると端の部屋まで見通せるようになっている。壁や床には大理石が多く使用され、豪華な調度品や絵画、フレスコ画、タペストリーなどで飾り立てられている。美しい庭園があり、総面積は4600ha。現在は第12代マールバラ公が所有。内部は一般に公開されている。1987年、世界遺産に登録された。

であるブレンハイムの戦いで、初代マールバラ公ジョン・チャーチルがフランス軍に勝利を収めた。この戦功にアン女王は王領地と建築費用の24万ポンドを下賜した。こうしてウッドストックにマールバラ公の屋敷を建てるため、1705年から建設が始まった。建築家ジョン・ヴァンブラが設計した屋敷は本館と2つの翼棟からなるバロック様式で、部屋数は200以上。1722年に完成し、王室関連を除くとイギリス最大の邸宅となった。

＊ブレンハイムの戦い＝1704年8月13日、イングランドおよびオーストリア同盟軍とバイエルン選帝侯国およびフランス連合軍がドナウ川流域のブレンハイムで行った戦い。ジョン・チャーチルが総司令官であった同盟軍が勝利した。

No.68　　　　　　　　　　　　　　　　　　　　　　　　　　Bibury

バイブリー

ハチミツ色のコテージが美しい村

建築年：1086年〜（村はこれ以前から存在）
地　理：コルン川は南東に向かって流れ、村は川の両側にある。
建　物：コテージ、アーリントン・ミル、バイブリー・コートなど

　イングランド南西部のグロスタシャーにある丘陵地帯コッツウォルズ[*]は、特別自然景観地域に指定されている美しい景観が広がる地域。特にコッツウォルズの首都とも呼ばれているバイブリーは有名で、19世紀を代表する詩人でデザイナーのウィリアム・モリス[*]は「イングランドで一番美しい村」と称えている。テムズ川の支流であるコルン川が村の中心を流れている。
　バイブリーを代表する観光名所には、アーリントン・ロウと呼ばれる14

*コッツウォルズ＝「羊の丘」の意。イングランド中央部の標高300mを超える丘陵地帯。
144　*ウィリアム・モリス＝「モダンデザインの父」とされる。生没1834年3月24日〜1896年10月3日。

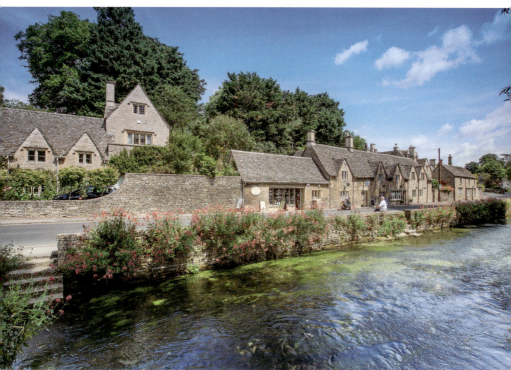

▲ナショナル・トラストがコテージを賃貸し、今も人が住んでいる。iLongLoveKing / Shutterstock.com

世紀に建てられたコテージが並ぶ。中世に建てられた建物は当初、バイブリーの修道院の羊毛倉庫として使用されていた。

　17世紀に織物の職人が住むコテージ兼工房に改装され、今に至る。急勾配の屋根や壁面に使われたハチミツ色の石材は、この地方で採掘されたものが使用されている。また、コテージは当時の歴史的価値を示しているとして、イギリス指定建造物の第1級建造物に指定された。

　現在はナショナル・トラストによって管理されているが、賃貸されているためバイブリーの村人が居住している。

　なお、アーリントン・ロウの景観は、イギリスのパスポートカバーの内側にも描かれているほど、イギリス人に愛されている。

　バイブリーの村に流れるコルン川に沿って家並みが続き、穏やかな川と豊かな自然の景観は、おとぎ話に出てくる絵そのものの美しさだ。

＊コルン川＝コルン川にはブラウントラウトが生息しており、1920年にはアーサー・セヴァーンによってマス養殖場が建設された。イギリスで最も古いマスの養殖場であり、新鮮なマス料理は観光の目玉になっている。

145

No.69　　　　　　　　　　　　　　　　　　　　　　　　　　　　Big Ben

ビッグ・ベン

150年以上時を刻み続けている時計塔

着工：1843年　竣工：1859年
用途：時計塔
設計：時計の構造＝エドマンド・ベケット・デニソン、ジョージ・ビドル・エアリー
　　　時計塔と文字盤＝オーガスタス・ピュージン

ロンドン

　*ビッグ・ベンは、ロンドンのウェストミンスター宮殿に併設されている時計塔。もともとは時計塔からつるされている大時鐘を指す名称だったが、後に時計塔全体を表すようになった。

　1834年、火災で大半を消失したウェストミンスター宮殿を再建する際、再建委員会は多くの計画案の中からチャールズ・バリーが設計したゴシック・リヴァイヴァル様式の設計案を採用した。時計塔の設計はイギリスの建築

＊ビッグ・ベン＝時計は直径7mの鉄枠に312個の乳白ガラスが埋め込まれ、文字盤の周囲に金メッキが施されている。時計塔の大時鐘は運用開始からわずか2カ月でヒビが入る。ヒビは修繕されたが、鐘の音に独特の音色を与えているとされる。

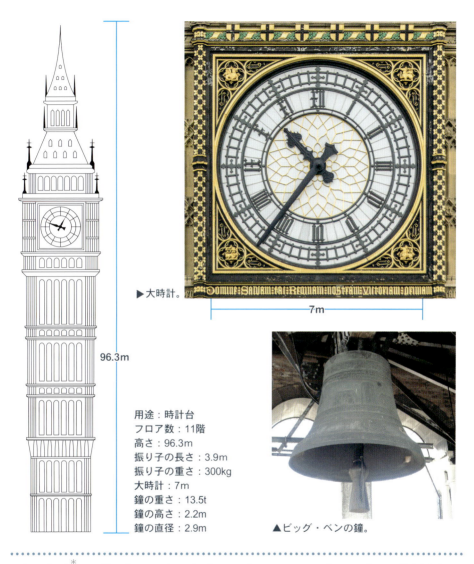

▶大時計。

7m

96.3m

用途：時計台
フロア数：11階
高さ：96.3m
振り子の長さ：3.9m
振り子の重さ：300kg
大時計：7m
鐘の重さ：13.5t
鐘の高さ：2.2m
鐘の直径：2.9m

▲ビッグ・ベンの鐘。

　家である*オーガスタス・ウェルビー・ノースモア・ピュージンに依頼され、時計のデザインは枢密院議員でアマチュア時計学者のエドマンド・ベケット・デニスンと王室天文官のジョージ・ビドル・エアリーに任された。
　1859年に完成した時計塔は高さ96.3mで、時計は地上から55mに位置する。
　ビッグ・ベンという名称は工事責任者のベンジャミン・ホールの名が由来だといわれているが、諸説ありはっきりとしていない。

＊オーガスタス・ウェルビー・ノースモア・ピュージン—フランス系イギリス人の建築家。スタフォードシャーのチードル教会、ノッティンガム大聖堂、サザークの聖ジョージ大聖堂などを手がけている。生没1812年3月1日〜1852年9月14日。

No.70　　　　　　　　　　　　　　　　　　　　Hall's Croft

ホールズ・クロフト

シェイクスピアの娘が暮らした家

建築年：1613〜1615年
場　所：イングランド、ウォリックシャー
所有者：スザンナ・ホール、ジョン・ホール

　ストラトフォード・アポン・エイヴォンは、イングランド中部のウォリックシャーにある行政教区。イギリスを代表する劇作家ウィリアム・シェイクスピアの故郷として世界的に有名だ。イングランドの中心を流れるエイヴォン川のほとりにあり、中世の町並みが保存され、シェイクスピアゆかりの場所が多く残る。シャイクスピアの生家、ロイヤル・シェイクスピア・カンパ

＊ロイヤル・シェイクスピア・カンパニー＝ストラトフォード・アポン・エイヴォンが拠点の劇団。ロイヤル・シェイクスピア・シアター、スワン・シアター、ジ・アザー・プレイスを有する。

▲当時の雰囲気を伝えるために、ヨーロッパ中から集められたインテリア。　trabantos / Shutterstock.com

ニーが所有する劇場、シェイクスピアが埋葬されているホーリー・トリニティ教会などがある。

　ホールズ・クロフトもそのうちの1つ。オールドタウンにあり、シェイクスピアの娘であるスザンナ・ホールとその夫で医師のジョン・ホールが暮らしていた。クロフトとは「住宅に隣接する小さな農地や菜園」の意。

　1607年に結婚した夫妻は新婚当初、別の住居に住んでいたとされるが、1613〜1615年の間に新築であったホールズ・クロフトに移り住んだと考えられている。住居の内部には開業医であったジョンが使用していたエリザベス朝時代の診察室兼薬剤室が残り、居間などには当時使用されていた家具が置かれている。裏手に広がる塀に囲まれた広い庭園には、ハーブを始めとする木々や花々が植えられており、このハーブはジョンが薬の原料に使うために育てていたものだという。

　ホール夫妻が実際にホールズ・クロフトに住んでいた期間は短かったが、19世紀初頭まではホール一族が所有していた。

＊ホールズ・クロフト＝1949年にシェイクスピア・バースプレイス・トラスト（公認の民営教育ナャリティ団体）が購入し、現在まで管理を行っている。1951年から博物館として一般に公開されており、敷地内に『夏の夜の夢』の記念碑がある。

No.71

聖オーガスティン修道院

イギリス最古のベネディクト派修道院

St. Augustine's Abbey

建築年：602年
閉　鎖：1538年7月30日
設立者：聖アウグスティヌス

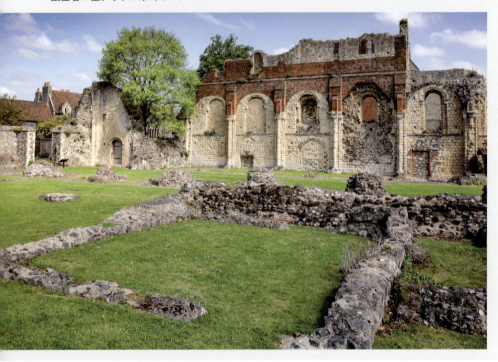

　イングランド南東部のケント州に位置するカンタベリーは、597年にローマ教皇グレゴリウス1世の命を受けた修道士アウグスティヌス[*]がイギリスで初めてキリスト教の布教を行った。アウグスティヌスが到着した当時のカンタベリーは、かつてイングランドに存在したアングロ・サクソン七王国を構成する[*]ケント王国の王エゼルベルトが統治していた。王はアウグスティヌスら修道士団を快く迎え入れ、キリスト教の布教にも協力的だったことから、この地は布教の拠点になる。カンタベリー市壁のすぐ外側に修道院建設の許

＊アウグスティヌス＝初代カンタベリー大司教。正教会、カトリック教会、聖公会の聖人。生年不明〜没年604年5月26日または605年。　＊ケント王国＝デンマークなどユトランド半島方面から来たジュート人の王国。

▲もともとこの地に建てられていた聖パンクラティウスの教会跡。現在は建物の基礎部分や壁が残っている。

可が降りると、602年に聖ペテロと聖パウロに捧げるためのベネディクト派修道院が完成する。これが聖オーガスティン修道院だ。

　597年に初代カンタベリー大司教に任命されていたアウグスティヌスは、この修道院を歴代のケント王と後のカンタベリー大司教たちの埋葬場所とする予定だったとされる。その後、この修道院はバイキングによって破壊されるが、978年にはより大規模な修道院が再建され、聖ペテロと聖パウロだけでなく、この地に眠るアウグスティヌスのためにも献堂された。

　1100年頃、ロマネスク様式の大きな教会が新たに建設され、1250年頃に行われた拡張工事では大会堂が造られた。その後も改築や増築が続けられ、1500年には広大な敷地を持ち付属図書館を併設する修道院となった。

　1538年、イングランド王ヘンリー8世が修道院解散令を発布したことで閉鎖され、15年かけて解体されるとヘンリー8世の4番目の王妃アン・オブ・クレーヴズの宮殿へと改築される。以後、この宮殿は貴族に貸し出されるが、1703年の大嵐で大破すると放置され、廃墟となった。

＊聖オーガスティン修道院ー現在は石造りの基礎のみを残している。イングリッシュ・ヘリテージによって管理されており、1988年に近隣のカンタベリー大聖堂と聖マーティン教会とともに世界遺産に登録された。

No.72　　　　　　　　　　　　　　　　　　　　　　　　Icknield Way

イクニールド・ウェイ

イケニ族が作ったといわれているイギリス最古の道

開始：西暦43年のローマ人侵入以前とされる
場所：イングランド
用途：家畜の群れを率いていくためにも使われていたと考えられている

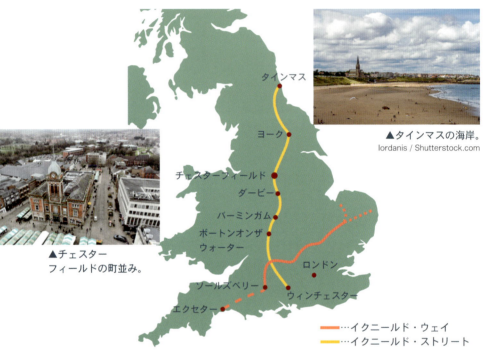

▲タインマスの海岸。
lordanis / Shutterstock.com

▲チェスターフィールドの町並み。

━━━…イクニールド・ウェイ
━━━…イクニールド・ストリート

▲イクニールド・ウェイとイクニールド・ストリートの位置。

　＊イクニールド・ウェイは、多くが解明されていないイングランド最古の道の1つで、イングランド南部の東西を結ぶ。紀元前1～1世紀にかけて現在のノーフォークにあるカイスター・セント・エドマンド周辺に住んでいたケルト系イケニ族が交易のために開いた街道だと考えられており、イクニールドの名はイケニ族に由来する。イクニールド・ウェイの起源は分かっていないが、43年にローマ皇帝クラウディウスがイングランドをローマの支配下に

＊イクニールド・ウェイ＝南イングランドの東西を結び、イクニールド・ストリートはローマ帝国時代に開かれた街道で南北を結ぶ。イクニールド・ウェイとは直接の関係はない。

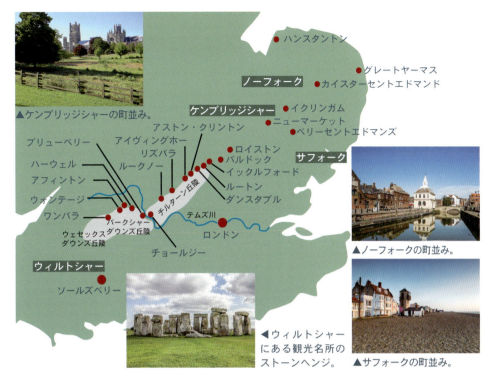

▲イクニールド・ウェイとされている位置の詳細。

置くより前に存在していたとされる。5世紀頃に登場し、先住民であるケルト人を征服、同化してグレート・ブリテン島を支配した、アングロ・サクソン人の七王国時代までは街道として使用されていた。

　ノーフォーク地方を起点とし、テムズ川の上流付近を経由、イングランド南西部のウィルトシャーまでを結ぶ。正確な経路は判明していないが、各地に残る痕跡を結ぶと上記のルートとなる。街道は主に丘陵地帯にあり、グリムズ・グレイヴス（先史時代の採掘場遺跡）や、ストーンヘンジの直近を通る。

　イクニールド・ウェイの名が確認できる現存する最古の文献は、12〜13世紀頃に書かれたヘンリー・オブ・ハンティングドンの『アングル人の歴史』。著者はノルマン朝イングランド時代の人物で、同書はブリテン島の歴史について書かれている。イクニールド・ウェイについて、中世イングランドの4街道の1つとして紹介している。鉄器時代の人々が歩いたイクニールド・ウェイは、数千年を経過した現在もイングランドの大地に足跡を残している。

＊イケニ族＝グレート・ブリテン島南部では、有力な氏族だったとされている。　＊アングロ・サクソン人＝5世紀頃にグレート・ブリテン島南部に現在のドイツ北部から侵入したゲルマン系民族。アングル人、ジュート人、サクソン人の総称。

No.73

ヒルフィギュア

Hill figure

建築年：青銅器時代〜
　　　　18世紀以降
場　所：グレートブリテン島
　　　　南部、北部
作　者：不明

丘陵に描かれた巨大な地上絵

▲アフィントンの白馬。手入れをされ続けてきたため、美しい状態を保っている。

　地上絵はペルーのナスカが有名だが、イギリスの丘陵地帯にもヒルフィギュアという地上絵がいくつも発見されている。

　イギリス南部の土壌はチョーク質が多く、草や土壌を少し削るとすぐに真っ白な石灰岩が露出する。そして緑地とのコントラストによって描かれた地上絵が、総称してヒルフィギュアと呼ばれている。単に石灰岩を露出させるだけの場合もあるが、レンガが埋められている場合もある。ナスカの地上絵と異なり、ヒルフィギュアは対面の丘や遠方からなど地上から見ることを前提に描かれている。主にイギリスの南部に集中しているが、北部にも存在する。図柄は馬が多いが、ライオン、鳥、人、紋章などもある。

＊青銅器時代＝グレート・ブリテン島では紀元前2600年頃に始まる。ケルト系の人々が金属器をもたらした可能性がある。
＊鉄器時代＝グレート・ブリテン島では紀元前5世紀頃にケルト人によって鉄器がもたらされた。

▲ウィルミントンのロングマン。

▲ヒルフィギュアがある場所を示す。地図上の●

　ヒルフィギュアのほとんどは18世紀以降に描かれたものだが、イングランド南東部オックスフォードシャーのアフィントンにある馬の地上絵は、青銅器時代に描かれたものだと考えられている。
　鉄器時代のとりで跡が残る丘の斜面に描かれた「アフィントンの白馬」は110mもあり、誰が何のために描いたのか理由は分かっていない。1994年の調査で行われた年代測定から、約3000年前の青銅器時代から存在していることが判明した。
　この馬の形が紀元前のケルト人が使っていたコインの馬の絵と似ていることから、馬の女神エポナを崇拝していたケルト人によるものだという説もある。最近では街道を通る旅人に馬を宣伝するためのものだったともいわれている。アフィントンの白馬は石灰岩を露出させているだけなので、定期的なメンテナンスが必要。地域の伝統的な祭りの際に手入れが行われていたが、19世紀後半からはこの伝統が薄れて図が不明瞭になってきてしまったため、現在はイングリッシュ・ヘリテージによって管理されている。

＊エポナ＝ケルト神話とローマ神話の馬・ロバ・ラバなどウマ科動物の女神。
＊イングリッシュ・ヘリテージ＝イギリス政府により設立された組織で、イングランドの歴史的建造物を保護している。

No.74

The Ring of Brodgar

リング・オブ・ブロッガー

新石器時代の文化水準の高さを示す遺跡

建築年：紀元前2500〜紀元前2000年とされている、ケルト人よりもさらに古い先住民が建設
場　所：スコットランド、メインランド島

　スコットランドのオークニー諸島メインランドの西部には、新石器時代の建造物が多く残る。旧石器時代にグレート・ブリテン島に人類が訪れ、新石器時代になり狩猟採集生活から農耕に移行すると、定住生活へと移行していく。オークニー諸島も例外ではなく、西の海路から伝わってきた農業や巨石文化が定着していった。海岸線で採れる砂岩が建造用の石材として普及し、多くの巨石建造物が造られた。リング・オブ・ブロッカーもこの時代のもので、新石器時代のヘンジと環状列石の遺跡群である。
　リング・オブ・ブロッカーはステネス湖とハーレー湖の間に挟まれた狭い陸地にあるが、サークルの中心地はまだ考古学的な発掘が進んでいない。そ

＊旧石器時代＝グレート・ブリテン島の旧石器時代は1万年前まで。古くは50万年前のホモ・ハイデルベルゲンシス、6万年前にはホモ・ネアンデルターレンシス、3万年前には現生人類であるホモ・サピエンスが訪れている。

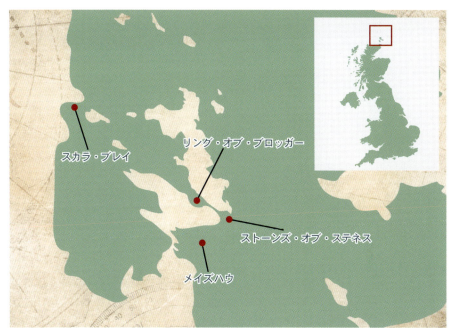

▲世界遺産である「オークニー諸島の新石器時代遺跡中心地」に属する遺跡の位置。

のため科学的な年代の特定はされておらず、紀元前2500〜2000年の建造ではないかと推定されている。

　サークルは直径104mで、イギリスで3番目に大きい。ヘンジには60基の石が立っていたが、落雷や風化などで倒れてしまったものもあるため、現在立ったまま残るのは27基のみ。立石群は周囲を深さ約3m、幅9mの環濠に囲まれるようにして置かれており、この環濠は固い岩盤を古代の人々がくり抜いたものと考えられている。

　スコットランドの巨石遺構研究者アレクサンダー・トムは、天体観測に用いていたとするが、儀式的空間と俗世空間を分ける仕切りの象徴としての役割を担っていたのではないか、という説もある。周辺は先史時代の墓所がある円形の丘や、他の立石群もあり、古代の儀礼的な景観が残る場所となっている。1999年、メインランドに残る新石器時代の遺跡である円墳メイズハウ、立石群ストーンズ・オブ・ステネス、集落遺跡スカラ・ブレイと共に「オークニー諸島の新石器時代遺跡中心地」として世界遺産に登録された。

＊農耕＝グレート・ブリテン島での農耕は紀元前5000〜4000年頃に始まる。農耕民とそれ以前の採集狩猟民は、遺伝子解析の結果から別の民族の可能性が高い。先住の採集狩猟民は農耕民の文化を受容し、ともに巨石記念物の建造者となった。

No.75 ブレグジット

Addition article

Brexit

EUからの脱退を選択した初めての欧州国家

年　月：2017年3月29日〜2019年3月29日（予定）
場　所：イギリス
出来事：EUからのイギリス脱退（Brexit＝Britainとexitを合わせた造語）

1952年 ECSC設立
戦争の原因となる石炭、鉄鋼石を共同管理することを目的としたECSC（欧州石炭鉄鋼共同体）が設立される。

フランス、ドイツ、オランダ、ベルギー、ルクセンブルク、イタリアが加盟国。ヨーロッパ結合の最初の一歩となった。

1957年 EEC設立
経済統合の実現を目的とする国際機関のEEC（欧州経済共同体）が設立される。

EECはベルギー、フランス、ドイツ、イタリア、ルクセンブルク、オランダ間での経済統合が目的の国際機関。この時点ではイギリスはヨーロッパ結合に反対し、アメリカとの提携を重視していたため不参加。

1963年・1967年 加盟申請
イギリスはEECに加盟を申し込むも、当時のフランス大統領シャルル・ド・ゴールにより拒否される。

当時の二大大国であるソ連、アメリカに次ぐ大国としてヨーロッパ統合を目指しており、イギリスはアメリカ寄りとされ拒否された。

1967年 EC設立
ECSC、EEC、Euratom（欧州原子力共同体）をまとめたEC（欧州共同体）が設立される。

EUの前身であるEC。ヨーロッパ統合により更なる拡大を目指した。1968年には関税同盟を結成し、EC加盟国であればどの国でもかかる関税が同じ金額になった。これにより統一価格制が実施された。

◀シャルル・ド・ゴール

1973年 ECに加盟
シャルル・ド・ゴールが大統領を辞任した後、3度目の加盟申請が通りECに加盟する。

1973年のオイルショックにより西側諸国が大きな経済的打撃を受けたことで、アイルランド、デンマークと共にイギリスもECへの加盟が認められた。

1975年 国民投票

イギリスがECに留まるべきかを問う国民投票が行われ、賛成が過半数を占めたためECに残留した。

1993年 ECがEUに

マーストリヒト条約が発動し、ECはEU（欧州連合）となった。

ヨーロッパ統合により通貨統合も行われ、2002年よりユーロが使われるようになったが、イギリスは加わっておらず依然としてポンドを使用している。

2016年 国民投票

EUに残るべきか国民投票を行い、投票数の52％がEU離脱に賛成票を入れた。

キャメロン元首相はリスボン条約を引用し、賛成票が多かった場合EUを離脱する法的枠組みを設定。リスボン条約とは、既存のEUの基本条約を修正する条約。

◀テリーザ・メイ首相

◀デイビット・キャメロン元首相

期間が2年あるのはEU加盟国27国の了承をとり、各国と新たに経済協定を結ぶための時間がかかるため。

2017年3月29日 EU離脱へ

メイ首相はリスボン条約50条を発動し、正式にEU離脱へと動き出した。順調に進めば、2年後の2019年3月29日に離脱する。

・・

　欧州連合（EU）からのイギリス脱退の賛否は、2015年に成立した欧州連合国民投票法による離脱か残留かを選択する投票が、2016年6月23日に行われ、僅差（投票率72％、残留48％、離脱52％）で離脱と決まった。

　若い有権者は残留を支持し、年齢の高い層は離脱支持が多かったとされる。

　また、イギリスを構成する4つのカントリーのうち、スコットランド、北アイルランドは残留が、イングランドは離脱支持が多かったとされる。

　保守党と労働党のどちらにも離脱派と残留派の議員がいる。離脱に向けて実務を進めるテリーザ・メイ首相は、残留支持だった。スコットランドは残留支持が62％を占め、この結果によって、スコットランド自治政府首相ニコラ・スタージョンは独立した上でEUに加盟する可能性を示唆した。

テリーザ・メイ首相の写真：Drop of Light / Shutterstock.com　デイビット・キャメロン元首相の写真：Ondrej Deml / Shutterstock.com

世界（せかい）とつながる

書名 イギリス断片図鑑（だんぺんずかん）

歴史（れきし）は細部（さいぶ）に宿（やど）る

2018年12月18日　第1刷発行

編著者　　エディング（EDING corporation）

発行人　　伊藤　滋

発行所　　株式会社自由国民社
　　　　　〒171-0033　東京都豊島区高田 3-10-11
　　　　　TEL 03-6233-0781　FAX 03-6233-0780
　　　　　振替　00100-6-189009
　　　　　URL : http://www.jiyu.co.jp/

印　刷　　株式会社 光邦

製　本　　新風製本株式会社

　　　　編　集：山添美帆・小島優貴・遠藤葵・武井誠（EDING corporation）

デザインワーク：山添美帆・梶間伴果（EDING corporation）

　　　　EDING corporation URL http://www.eding.co.jp/

　　　　写　真：shutterstock、Wikimedia Commons

　　　企画担当：渡邊慧一（自由国民社）

　　　制作管理：阿部俊之・中沢宏文（自由国民社）

本書の全部または一部の無断複製（コピー、スキャン、デジタル化等）・転訳載・引用を、著作権法上での例外を除き、禁じます。ウェブページ、ブログ等の電子メディアにおける無断転載等も同様に、禁じます。これらの許諾については事前に小社までお問い合わせください。また、本書を代行業者等の第三者に依頼してスキャンやデジタル化することは、たとえ個人や家庭内での利用であっても一切認められませんので、ご注意ください。